# Stubentiger
## und Hauslöwen

Katharina von der Leyen

# Stubentiger und Hauslöwen

## Katzen halten mit Vergnügen

Illustrationen Joanna Hegemann

blv

# Inhalt

## Katzen in der Stadt 6

## Wo man Katzen findet 9

Katzenkind oder erwachsene Katze? 11 Katzenhaare 14
Noch eine Katze im Haus? 15 Katze oder Kater? 15
Soll es eine Rassekatze sein? 16 Langhaarig oder kurzhaarig? 18
Züchter 19 Rasse-Persönlichkeiten 20
Wie Ihre neue Katze aussehen soll 23 Tierheimkatzen 24
Problemkatzen 26

## Jeder Tag ein Kinderspiel 27

Wie man seine Wohnung katzensicher macht 27
Giftige Pflanzen 30 Einkaufsliste 31 Katzenminze 35
Ankunft zu Hause 35 Abholen 36 Die ersten Tage 37
Wie man eine Katze hochnimmt 39 Kinder 40
Katzenbisse 41 Andere Tiere 42 Hund im Haus 42
Hamster, Kanarienvögel und Wüstenspringmäuse 43
Eine andere Katze im Haus 44

## Katzenerziehung 49

Wie Katzen lernen 49 Katzen-Attacken 53
Wer erzieht eigentlich wen? 54 Superkatze! 54
Pfuikatze! 55 Der magische Kratzbaum 56 Aggression 58
Problemzone Katzenklo 60 Markieren 63
Wie man mit Nachtgespenstern umgeht 64
Wildes Tier statt Miezekatze? 66 Pflanzenfresser 68
Kannst du mal endlich still sein? 69

## Stadtleben 70

Wie man einen Balkon katzensicher macht 70
Freilauf in der Stadt? 72 Zwei Katzen – doppeltes Vergnügen? 74
Wie man passende Katzen aussucht 76
Tricks für müde Städter mit aufgeweckten Katzen 76
Spurlos verschwunden? 78 Neues Baby im Haus? 79
Katzen und kleine Kinder 81

## Verreisen oder Umzug mit Katze 82

Temperament 84 Vorbereitungen 84
Reiseutensilien für die Katze 85 Ankommen 86
Katzensitter 87 Liste für Ihren Katzensitter 88
Tierpensionen 88 Umzug mit Katze 89

## Ernährung 92

Welche Art der Cuisine darf's denn sein? 96
»Katzenbonbons« 99 Wie viel wird gefüttert? 100

## Gesundheit! 101

Ungewöhnliche Veränderungen 105 Impfungen 106
Infektionskrankheiten 107 Parasiten 109
Nicht mit mir – Wie man Medikamente gibt 112
Haarballen 113 Kastration 114 Zahnpflege 115
Mikrochips 117

## Die ältere Stadtkatze 117

Lebenserwartung 118 Seniors veränderte Gewohnheiten 119
Körperliche Veränderungen 120
Eine Babykatze als Jungbrunnen dazu? 120
Abschied 121 Einschläfern 122
Wie man Kindern den Abschied von ihrer Katze erleichtern kann 124
Gleich eine neue Katze? 124

# Katzen in der Stadt

Katzen haben sich erst vor etwa 9500 Jahren dem Menschen angeschlossen: Die Ägypter hielten sich Katzen wohl zum Schutz ihrer Getreidelager und verehrten sie außerdem als Gottheit, deren Tod richtig betrauert wurde. Über Italien gelangten sie schließlich nach Europa.

Mittlerweile ist eine sehr intensive Freundschaft daraus geworden: Katzen sind die beliebtesten Haustiere. Sie überrunden sogar des Menschen so genannten besten Freund, den Hund: Es gibt allein in Europa ca. 50 Millionen Katzen, 50 Millionen in den USA und 30 Millionen Katzen in Russland. Wahrscheinlich deshalb, weil Katzen so angenehme Hausgenossen sind: relativ still (wenn man sein Haus nicht gerade mit einem Siamesen teilt), säuberlich, eigenständig und liebevoll verspielt. Sie sind geschmeidiger und eleganter als Hunde, selbstbeherrscht, respektvoll, unabhängig, kraftvoll und individualistisch – eigentlich alles Eigenschaften, die wir Menschen auch gerne besäßen.

Wahrscheinlich haben wir uns deshalb die letzten 9 Jahrtausende durch den Lauf der Geschichte von der Katze begleiten lassen, die sich dabei immer wieder an die wechselnden Verhältnisse gewöhnt hat, die wir Menschen uns ausgedacht haben. Sie ist uns sogar in die ziemlich anstrengende Großstadtgesellschaft gefolgt, wo sie sich in Höfen zwischen Hochhäusern, auf schmalen Grünflächen, auf steilen Dächern und finsteren Plätzen eingerichtet hat, um in unserer Nähe zu sein.

Und trotzdem hört man immer wieder, es sei nicht tierfreundlich, nicht katzengerecht, Katzen in der Stadtwohnung zu halten, sie zu einem Dasein als reine Wohnungskatzen zu »verdonnern«. Papperlapapp. Die Quintessenz aller Katzenfragen ist immer: »Was springt für mich dabei 'raus?« Und was selbst – vielleicht sogar insbesondere – bei reiner

Wohnungshaltung für die Katze dabei herauskommt, sind normalerweise Menschen, die ihr zum Sklaven werden, die rund um die Uhr ihre Schönheit bewundern, ihr das beste Futter zubereiten und sich auch sonst um jeden einzelnen Wunsch ihrer vierbeinigen Mitbewohnerin kümmern.

Wir Menschen brauchen Katzen. Es ist erwiesen, dass die Anwesenheit einer Katze Pulsschlag und Blutdruck senkt; eine Katze im Haus ist ein fabelhaftes Gegenmittel gegen die zermürbendste Krankheit unserer Zeit – die Einsamkeit –, sie gibt uns in unserer versingelten Gesellschaft eine Struktur, und sie zwingt uns, Verantwortung zu übernehmen und wenigstens ins Gespräch mit den Nachbarn zu kommen, falls wir bei kleinen Reisen mal jemanden brauchen, der sich um unseren Stubentiger kümmert. Das ist ja das Faszinierende an diesen Tieren: Sie sind einerseits so zahm und liebevoll, andererseits erinnern sie in jeder Bewegung und ihren perfekten Proportionen an Wildkatzen ganz anderer Größe. Raubtiere sind auf ihre scharfen Sinne zum Aufspüren ihrer Beute angewiesen, und die Hauskatze verfügt noch immer über die gleichen Wahrnehmungsfähigkeiten wie der Tiger, der durch den Dschungel streift.

Wer immer behauptet, Katzen seien treulos, egoistisch und falsch, hat schlicht keine Ahnung. Katzen sind – anders als Hunde, die auch Rudeltiere sind wie der Mensch – einfach ganz anders als wir. Katzen sind so kultiviert, dass viele ihrer Ausdrucksformen so subtil sind, dass wir plumpen Menschen sie oft gar nicht auf Anhieb erkennen können. Es ist unsere Aufgabe zu lernen, wie Katzen zu denken. Denn: Die Ägypter hielten die Katze für eine Gottheit. Und das haben unsere Katzen bis heute nicht vergessen.

# Wo man Katzen findet

In der Stadt holt man seine Katze nicht mehr vom Nachbarhof, und sie laufen einem heutzutage auch nicht mehr so häufig zu. Trotzdem ist es ganz leicht, eine Katze zu finden: Während der »Katzenkindersaison« im Frühjahr und Sommer sind die Tageszeitungen voller Anzeigen, man findet Anschläge bei Tierärzten, am schwarzen Brett Ihres Arbeitsplatzes, in Katzenzeitungen oder im Internet. Auch an erwachsenen Katzen, die ein neues Zuhause brauchen, herrscht kein

Mangel. Die Tierheime sind voller Katzen jeden Alters. Nach Rassekatzen muss man etwas intensiver suchen, aber auch das ist im Allgemeinen kein Problem.

Das größere Problem ist eher herauszufinden, was Sie eigentlich wollen.

Es ist sehr leicht, sich in das erste kleine puschelige Gesicht zu verlieben, das einem begegnet. Das heißt aber noch nicht, dass das auch die richtige Katze für Sie ist. Selbst bei Nacht sind nicht alle Katzen gleich, und die Quellen, wo sie herkommen, schon gar nicht.

Man weiß mittlerweile, dass das soziale Verhalten von Katzen praktisch vollständig davon abhängt, wie sie in ihren ersten Wochen von Menschen behandelt worden sind, nicht davon, wie wir mit ihnen umgegangen sind, seit wir sie adoptiert haben. Eine Katze, die in den ersten 10 Wochen nichts mit Menschen zu tun hatte, wird nie eine Katze, die strahlend und offen auf den Menschen zugeht oder an die Tür rennt, wenn es klingelt. Das muss man wissen, wenn man eine ältere Katze aufnimmt.

Mein Kater Moses war ein Findelkind, den ich im Alter von etwa sechs Monaten aus einem Müllcontainer zog. Nach zwölf Jahren Zusammenlebens mit mir, verschiedenen Leuten und Hunden und fünf Umzügen ist er mittlerweile mit allen Wassern gewaschen, aber im Gegensatz zu meinen beiden anderen Katern ist ihm bis heute deutlich anzumerken, dass ihm dieses Quäntchen Urvertrauen, dass der Mensch ihm wirklich nichts Böses will, einfach fehlt. Er ist trotzdem eine sensationelle Katze, aber wenn es klingelt, verschwindet er erst einmal für eine Weile im Schrank. Das macht mir nichts aus, aber ich habe ja auch noch zwei andere Kater, die sich erfolgreich als Pausenclowns betätigen. Machen Sie also Ihre Hausaufgaben, bevor Sie eine Katze nach Hause bringen, die fünfzehn, vielleicht zwanzig Jahre bei Ihnen leben soll.

# Katzenkind oder erwachsene Katze?

Die meisten von uns denken automatisch an ein Katzenkind, wenn sie sich eine Katze anschaffen wollen. Macht ja auch Sinn: Ein kleiner, hinreißender Fellball, der sich mit großen Kulleraugen in Ihren Haushalt und Ihr Herz schnurrt. Manchmal ist aber eine erwachsene Katze eine bessere Idee – ihre Persönlichkeit ist schon erkennbar, sie besitzt bereits eine gewisse Würde und lässt Ihre Vorhänge in Ruhe. Und außerdem gibt es so viele wundervolle erwachsene Katzen, die dringend ein neues Zuhause brauchen und vielleicht nie mehr eine zweite Chance bekommen. Überlegen Sie sich gut, wie Ihr Leben eigentlich aussieht und welche Pflichten, Vergnügungen und welchen Aufwand ein Katzenkind mit sich bringt.

Man braucht entweder ein Herz aus Stahl oder fast übermenschliche Disziplin, um einem Katzenkind widerstehen zu können: Die großen Augen, die jeder Bewegung folgen, die Ohren, die noch zu groß sind und ständig zucken, ihre Verspieltheit, mit der sie allem nachjagen, was sich bewegt, ob Feder, Papierball oder Ihrer Fingerspitze. Ein Katzenkind ist eine wundervolle Ergänzung für einen Haushalt mit schon einigermaßen verantwortungsvollen Kindern oder für den Erwachsenen, der Stunden damit zubringen wird, dem kleinen Quatschkopf zuzusehen.

Allerdings bedeuten junge Katzen auch eine Menge Arbeit. Sie mischen sich in alles ein, weshalb der durchschnittliche Katzenkindbesitzer im ersten Jahr meistens mehrere Besuche in der Tier-Notklinik hinter sich bringt. Katzenkinder bedürfen viel Zeit, die man mit ihnen verbringt, um sie aus Unsinn herauszuhalten und sie großzuziehen. Sie

müssen erst lernen, wozu das Katzenklo da ist und dass sie nicht auf dem Küchentisch schlafen und spielen sollen. Für ein Katzenbaby muss man seine Wohnung kindersicher machen und verbringt ein paar Monate damit, den kleinen Tiger von den Vorhängen und den Hosenbeinen seiner Kinder abzupflücken, vom Weihnachtsbaum zu retten, ihn hinter Kühlschrank und Sofa hervorzuholen und ihn daran zu hindern, das Telefon- und Faxkabel durchzukauen.

Wenn man sehr kleine Kinder hat, könnte ein Katzenkind *keine* gute Idee sein: Auch wenn sie wild und abenteuerlustig sind, sind kleine Katzen doch sehr zerbrechlich und könnten von kleinen Kindern ernsthaft verletzt werden, die die Bedeutung des Wortes »vorsichtig!« noch nicht begreifen können. Eine Babykatze ist vielleicht auch keine gute Wahl für jemand, der nicht 100%ig sicher auf den Beinen ist oder nur schwer in der Lage, der kleinen Energiekugel zu folgen oder sie einzufangen, wenn's drauf ankommt.

Erwachsene Katzen haben einige echte Vorteile kleinen Katzenkindern gegenüber und wenige Nachteile – ihr größter Nachteil ist wahr-

scheinlich, dass sie nicht so niedlich sind wie ein Katzenbaby. Eine erwachsene Katze kostet weniger Zeit, Geld und Nerven. Wenn Sie nicht den ganzen Tag von morgens bis nachts darüber nachdenken möchten, in was für eine mühsame Situation sich das Kätzchen jetzt schon wieder bringt, oder Sie nicht bei jedem dritten Schritt Attacken auf die Hausschuhe abfangen möchten, ist eine erwachsene Katze vielleicht das Richtige für Sie.

Wenn man eine erwachsene Katze zu sich nimmt, kann man ziemlich genau absehen, was man da bekommt: Größe, Fell, Augen, zurückhaltend oder temperamentvoll, verschmust oder fordernd, still oder gesprächig – alles schon absehbar, alles schon da, die Persönlichkeit ist schon ausgebildet. Wenn es Ihnen wirklich wichtig ist, eine ruhige Katze zu haben, ist es überhaupt viel sinnvoller, eine Katze zu nehmen, die über die Flöhe-im-Sack-Phase hinaus ist. Erwachsene Katzen wissen normalerweise, wofür ein Katzenklo da ist, man kann sie besser allein lassen, während man ins Büro muss, weil sie in dieser Zeit sowieso meistens schlafen, und sie machen einfach nicht so viel Unfug wie kleine Katzen. Ihr Leben geht trotz Katze im Haus mit weniger Unterbrechungen und Umstellungen weiter. Trotzdem wird sich eine erwachsene Katze Ihnen genauso eng anschließen wie ein Katzenkind.

Der wichtigste Grund, der für die Adoption einer erwachsenen Katze spricht, ist aber: Die meisten Leute sind nicht in der Lage, einem Katzenkind zu widerstehen – Verpackung ist eben eine machtvolle Kraft. Viele Leute gucken sich im Tierheim die erwachsenen Katzen gar nicht erst an und geben ihnen gar keine Chance, egal, wie schön, gesund, manierlich und gut gelaunt sie sein mögen.

Jede Katze hat ein gutes Zuhause verdient, egal ob Katzenbaby oder erwachsenes Tier. Gehen Sie mit offenem Blick und offenem Herzen an die Sache heran, um unabhängig von ihrem Alter genau die Katze zu finden, die zu Ihnen passt.

## Katzenhaare

Alle Katzen haaren. Sogar die, die aus menschlicher Zuchtverirrung keine Haare mehr haben: Selbst die Sphynx hat einen ganz zarten Flaum, den man an seiner Kleidung sehen kann. Manche Katzen haaren weniger, manche langhaarigen Katzen haaren sehr stark – oder wenigstens wirkt es so, weil die Haare, die ausgehen, eben viel länger und damit sichtbarer sind. Das gilt beispielsweise für Perserkatzen, die vor allem wegen ihres eindrucksvoll wallenden Fells gezüchtet werden. Aber selbst die gewöhnliche Hinterhofkatze haart so, dass jemand mit sensiblem Sauberkeitsempfinden wahrscheinlich die Wände hinaufgeht. Wenn Sie die Vorstellung von Katzenhaaren auf Ihrem Sofa, Ihren Pullovern und manchmal das eine oder andere Haar gar in Ihrem Tee überhaupt nicht aushalten können, sollten Sie über die Sache mit der Katze noch mal nachdenken. Vielleicht wäre ein Fisch eine bessere Idee für Sie.

## Noch eine Katze im Haus?

Wenn Sie zu Hause schon einen residierenden Hauslöwen haben und eine weitere Katze suchen, versuchen Sie, eine zu finden, die nicht bisher ein Einzelkind war, sondern vorher schon mit anderen Katzen zusammengelebt hat und möglichst ein paar Jahre älter oder jünger ist als Ihre Katze.

## Katze oder Kater?

Darauf gibt es keine klare Antwort. Ob weiblich oder männlich, spielt keine Rolle, wenn es darum geht, wer das bessere, liebevollere Haustier ist – unter einer Bedingung: Beide müssen kastriert werden.

Unkastrierte Katzen oder Kater sind im Zusammenleben ziemlich unerträglich. Wenn eine Katze »rollig« wird – was mehrmals im Jahr für mehrere Wochen passiert –, wird sie zu einem jodelnden, heulenden Ausbruchsexperten, der Anbeter aus dem gesamten Umkreis anzieht.

Unkastrierte Kater dagegen markieren ab Beginn der Geschlechtsreife Ihr ganzes Haus mit einem speziellen, mit Pheromonen versetzten Urin, der nicht nur unerträglich stinkt, sondern praktisch nicht zu entfernen ist. Abgesehen davon hauen sie ab und fangen dauernd Streit mit den Nachbarkatzen an.

Wer züchten will, kann seine Tiere nicht kastrieren. Aber abgesehen davon habe ich noch niemanden gehört, der je behauptet hätte, es wäre besser, reine Hauskatzen oder -kater unkastriert zu belassen. Und wenn die Herrschaften dann kastriert sind – sind Katzen oder Kater besser? Mir scheint, es hängt davon ab, wen man fragt – und dann hört man dauernd das Wörtchen »immer«: Wer *immer* Kater hatte, findet männliche Tiere besser, kann aber nicht wirklich begründen, wieso, und wer *immer* Katzen hatte, ist von ihnen meist nicht abzubringen.

Ich persönlich hatte *immer* Kater und finde sie etwas weniger territorial als Katzen – wenn man neue Tiere ins Haus bringt, sind sie toleranter, scheint mir –, weniger leicht beleidigt als die weiblichen Tiere, die ich bei Freunden kennen gelernt habe, und natürlich größer und im Körperbau stabiler, meinetwegen männlicher, wenn man so will. In Wirklichkeit ist das alles gar nicht wichtig: Nehmen Sie unabhängig vom Geschlecht die Katze, die Ihnen am besten gefällt.

## Soll es eine Rassekatze sein?

Hunde wurden in Rassen aufgeteilt, weil der Mensch sie für bestimmte Aufgaben brauchte: Als Jagd-, Hüte-, Hof- oder Begleithund. Die Katze war von Anfang an ein hervorragender Mäusejäger und passte damit sowieso von vorneherein fabelhaft zum Menschen. Rassekatzenzucht begann im Grunde erst Anfang des 20. Jahrhunderts. Mittlerweile gibt es etwa fünfzig verschiedene Rassen, und bei allen

ging es dem Menschen nur darum: Schönheit und Anpassungsfähigkeit ans menschliche Leben.

Der Vorteil einer Rassekatze ist, dass man weiß, was man bekommt: Wenn man bei einem guten Züchter eine Katze mit Abstammungsnachweis kauft, weiß man von vorneherein, was aus dem kleinen Fellball mal werden wird, was für einen Körperbau und welches Fell er bekommen wird, auch Aktivität und Gesprächigkeit sind bei Rassekatzen vorgegeben. Selbst wenn jede Katze natürlich ganz individuell ist, können Sie ziemlich sicher sein, dass Ihre individuelle Burma mehr mit anderen Burmesen gemeinsam hat als mit irgendeiner Perserkatze.

Wenn man schlanke, schmale, temperamentvolle Katzen mag, gibt es bestimmte Rassen, die dieses Muster erfüllen. Wer ruhige, gemütliche Katzen mit schwererem Körperbau lieber hat, kann auch die finden. Das Gleiche gilt für bestimmte Fellfarben, für die man vielleicht ein Faible hat. Und dann gibt es außerordentlich exotische Modelle mit kleineren Ohren oder gekippten Ohren, mit kurzen Schwänzen oder kurzen Beinen, gekräuseltem Fell oder überhaupt keinem Fell. Manche dieser neuen Rassen sind kontrovers, um es ganz vorsichtig auszudrücken, aber jedenfalls erweitern sie die Auswahlmöglichkeiten, wenn man darüber nachdenkt, was für eine Katze man haben möchte.

Rassekatzen sind teuer – Preise fangen bei einigen hundert Euro an und gehen bis in die Tausende für ganz seltene Rassen oder Farben. Die Züchter mancher Rassen sind auch gar nicht so leicht zu finden: Am besten besucht man ein paar Katzenausstellungen und sieht sich die Züchter und ihre Katzen genauer an.

Manche Rassen haben bestimmte gesundheitliche Probleme, die man mit den Züchtern besprechen sollte. Perserkatzen neigen beispielsweise zu Atemwegsproblemen, verstopften Tränenkanälen und laufenden Augen, besonders die Tiere mit extrem kurzen Gesichtern. Gute Züchter wissen um diese Erbkrankheiten und tun alles, um sie möglichst zu reduzieren.

## Langhaarig oder kurzhaarig?

Manche Leute mögen die glatte Eleganz der kurzhaarigen Katzen, andere lieben weiches, luxuriöses, langes Fell. Alle Katzen haaren, ABER: Perserkatzen beispielsweise verlieren Unmengen ihrer weichen, baumwollartigen Unterwolle. Macht es Ihnen etwas aus, mit Flusenrollen in allen Schubladen zu leben? Ist es Ihnen peinlich, wenn Freunde Ihnen zwölf Zentimeter lange weiche Haarbüschel vom Rücken Ihres Pullovers pulen? Ist es ein Problem, wenn Sie jeden Tag staubsaugen müssen? Wenn ja, wäre eine kurzhaarige Katze besser für Sie.
Langhaarige Katzen sind eindeutig aufwändiger: Sie verfilzen leicht und müssen regelmäßig, wenigstens einmal in der Woche, gebürstet werden – andernfalls kann die Katze so stark verfilzen, dass sie geschoren werden muss. Haarballen (Klumpen aus alten Haaren, die die Katze beim Putzen aufnimmt und die im Verdauungssystem Schwierigkeiten bereiten können) können bei langhaarigen Katzen ein permanentes Problem sein, das nur vom Tierarzt gelöst werden kann. Kot kann in langen Haaren hängen bleiben, allerdings kann man diese Gegend grundsätzlich einfach kurz schneiden.

# Züchter

Gute Züchter sind nicht so leicht zu finden. Noch weniger leicht ist es, die Spreu vom Weizen zu trennen, also herauszufinden, wer wirklich ein guter Züchter und wer schlicht »Vermehrer« ist. Das zu wissen ist nämlich wichtig: Eine Katze ist kein Computer, bei dem man sich für ein bestimmtes Modell entscheidet und anschließend einfach gründlich nach dem besten Preis und dem am günstigsten gelegenen Verkaufsort recherchiert.

Wenn alles gut geht, werden Sie Ihre Katze vierzehn, fünfzehn, vielleicht sogar zwanzig Jahre lang bei sich haben. Macht es in Relation dazu nicht vielleicht Sinn, das ein oder andere Katzenbuch und die ein oder andere Katzenzeitschrift zu lesen, ein bisschen im Internet zu surfen, ein paar Anrufe zu machen und ein paar Züchter zu besuchen, um die Fragen zu stellen, die Ihnen nur die Leute beantworten können, die seit Jahren mit dieser bestimmten Rasse zusammenleben?

Ein guter Züchter ist Experte für seine Rasse und kann Ihnen viel mehr über Ihre Lieblingsrasse erzählen, als Sie je wissen wollten oder überhaupt wissen müssen. Ein guter Züchter präsentiert wenigstens ab und zu seine Katzen auf Katzenausstellungen, weil er die Meinung von Richtern hören will, um wirklich herausragende Beispiele der Rasse züchten zu können. Ein guter Züchter liebt seine Katzenkinder und beantwortet Ihnen auch noch alle Fragen, nachdem er Ihnen die Katze verkauft hat und Sie bezahlt haben, er leistet Ihnen auch später noch technischen Support, von dem Sie bei Computern nicht einmal zu träumen wagen. Ein guter Züchter hat vielleicht nicht gerade dann ein Katzenkind, wenn Sie eines wollen – jetzt, sofort und auf der Stelle –, aber wenn Ihnen der Züchter sympathisch ist und Sie ein gutes Gefühl haben, lohnt es sich doch zu warten.

Bei einem guten Züchter leben die Katzen nicht in engen Käfigen, sondern möglichst frei im Haus oder der Wohnung – oder in verschiedenen Zimmern: Wenn der Züchter eine größere Anzahl geschlechtsreifer Katzen und Kater hat, muss er sie ja zumindest teilweise getrennt halten. Aber sie sollten den Eindruck machen, als würden sie sich über Menschen freuen, als würden sie viel gestreichelt und angesprochen. Die Katzenkinder sollen gut sozialisiert sein und möglichst Interesse an Menschen und Besuchern zeigen – selbst wenn sie zu sehr miteinander und mit Spielen beschäftigt sind – und sollen nicht hysterisch unter Sofas und Kommoden verschwinden, wenn man sich ihnen nähert.

## Rasse-Persönlichkeiten

Anders als bei Hunden, ging es bei der Rassekatzen-Zucht meistens nicht um Persönlichkeit, sondern um Fellfarbe, Länge des Fells und Augenfarbe, weshalb wenig Recherche betrieben wurde, wie sich die einzelnen Charaktere von Katzenrassen unterscheiden. Es gibt einige »natürliche« Rassen wie die Norwegische Waldkatze, die Maine Coon und die Sibirische Katze, die wahrscheinlich aus Verpaarungen von Hauskatzen und langhaarigen Katzen aus der Türkei entstanden sind und auch nach Jahren selektiver Zucht noch immer ein gewisses »wildes«, natürliches Aussehen haben und im Verhältnis zu anderen Katzen sehr groß sind. Besonders große Katzen – zu denen etwa auch die Britisch Kurzhaar, die Ragdoll oder Turkish Van gehören – sind gewöhnlich ziemlich entspannt und freundlich. Manche dieser Herrschaften können bis zu zwölf Kilo wiegen – wenn das kein ausreichender Heizofen auf Ihrem Schoß oder unter Ihrer Bettdecke ist!

Normalerweise werden Rassekatzen grob in zwei Gruppen eingeteilt, die sich durch Körperbau und Temperament unterscheiden: Die Orientalen und die Nicht-Orientalen.

**Orientalische Katzen** wie z. B. Siamesen, Burmesen oder Abessinier haben lange, schlanke Körper und nehmen mit großem Interesse an der Welt um sie herum teil. Sie sind sozusagen die Go-go-Girls der Katzenwelt: Nicht zufrieden, solange sie nicht beim Essen teilnehmen dürfen, das oberste Fach des Bücherregals untersucht, den schläfrigen Hund gepiesackt oder kontrolliert haben, was die einzelnen Familienmitglieder gerade machen. Orientalische Katzen sind überzeugt davon, dass man sein Leben ohne ihre Hilfe einfach nicht meistern kann. Die meisten Mitglieder dieser Gruppe reden auch andauernd und teilen einem jeden Moment des Tages jeden einzelnen Gedanken mit – mit allen Miau-Arten, die ihnen zur Verfügung stehen.

Diese Katzen haben den ganzen Tag zu tun und sind äußerst amüsant, allerdings hat man mit ihnen auch zu tun: Langeweile tolerieren sie nur schlecht und kommen auch gerne mal nachts um zwei auf die Idee, jetzt sei ein guter Moment zum Spielen. Sie wollen immer mit dabei sein, aber nicht unbedingt auf Ihrem Schoß: Die meisten Orientalen sind nur momentweise verschmust – danach haben sie sofort wieder irgendetwas zu tun.

**Nicht-Orientalen** haben eine etwas andere Einstellung zum Leben: Wenn man so groß und schön ist, braucht man sich um nichts zu kümmern – die Welt wird schon kommen, um alle Bedürfnisse zu befriedigen. Wieso soll man einen wunderbaren Mittagsschlaf unterbrechen, um nachzusehen, was hinter dem Sofa passiert? Katzen dieser Gruppe, etwa Perser, Ragdoll oder Kartäuser, finden nichts schöner, als entspannt auf Ihrem Schoß zu liegen, während Sie ein Buch lesen – und werden auch nicht nach den Seiten hauen, wenn Sie umblättern.

Die Wahrheit ist natürlich, dass *jede* Katze für irgendjemanden die einzige, besondere, richtige sein kann, völlig egal, wie sie aussieht oder wo sie herkommt. Es kommt nur darauf an, was Sie eigentlich wollen. Also betreiben Sie ein bisschen Herzensforschung bei sich selbst, bevor Sie eine Katze da hineinlassen.

# Wie Ihre neue Katze aussehen soll

Haut und Fell: Die Haut sollte sauber und elastisch aussehen, von dichtem, möglichst glänzendem Fell bedeckt. Kreisförmige haarlose Stellen können auf eine Pilzinfektion hinweisen, die zwar behandelbar ist, mit der Sie sich aber auch anstecken können.

Ohren: Die Ohren sollten innen und außen sauber sein oder vielleicht ein bisschen wachsartiges Ohrenschmalz enthalten. Schmutzig braune Ohren oder häufiges Kopfschütteln deuten auf Milben hin, die für eine längere Zeit medizinisch behandelt werden müssen.

Augen: Die Augen sollten klar und leuchtend sein. Laufende Augen oder grünlicher Ausfluss deuten auf eine Entzündung hin. Das dritte Augenlid – ein halbtransparentes Schutzhäutchen, das normalerweise im inneren Augenwinkel verborgen ist – sollte nicht sichtbar sein.

Nase: Sie sollte nicht laufen, sauber und etwas feucht sein. Ein Katzenkind oder eine Katze mit Atemproblemen, Husten oder Niesen ist wahrscheinlich ernsthaft krank.

Maul: Das Zahnfleisch sollte rosig sein, nicht blass, und keinerlei Zeichen von Entzündungen an den Zahnhälsen aufweisen. Die Zähne sollten weiß, sauber und ohne Zahnstein sein (außer bei wirklich alten Katzen).

Umgebung des Schwanzes: Sollte sauber und trocken sein; Feuchtigkeit oder Kotverklebungen können ein Hinweis für Krankheit sein.

## Tierheimkatzen

Unsere Tierheime sind voller Katzen, die ein neues Zuhause brauchen. Früher waren Tierheime eine deprimierende Angelegenheit, aber mittlerweile hat sich die Situation verändert: Die Katzen leben meistens in großen Gruppen in großen, hellen Räumen, haben die Möglichkeit, einander aus dem Weg zu gehen, und oft sogar noch Zutritt zu einem Außengehege. Das Personal beschäftigt sich mehr mit den einzelnen Tieren, kennt meistens deren Vita und hat einen Eindruck von ihren Persönlichkeiten. Es kann potenziellen Besitzern einiges über die einzelnen Katzen erzählen, ob sie überhaupt zu ihnen passen, wie sie auf Kin-

der oder andere Haustiere reagieren, ob sie sich besser als Einzelkatze eignen oder sich relativ leicht in eine Gruppe einfügen würden.

Und selbst wenn es eines dieser gruseligen, dunklen, traurigen Tierheime ist: Man findet in jeder Art Tierasyl gute Katzen, egal wie verwahrlost das Umfeld und wie demoralisiert das Personal einem vorkommt. Die Katzen können schließlich nichts dafür, wo sie gelandet sind.

Sich für eine Tierheimkatze zu entscheiden, ist allerdings schwierig. Man würde sie nämlich am liebsten alle nehmen. Vor allem, wenn man merkt, dass einige dieser Katzen kein neues Zuhause mehr finden werden, ist das ein massiver Angriff selbst auf ein gehärtetes Herz – wenn man sieht, wie sie hoffnungsvoll in ihren Käfigen schnurren oder die Pfote durch die Gitter strecken, um Aufmerksamkeit zu erhaschen. Schalten Sie Ihr Herz trotzdem aus, solange Sie vor den Käfigen stehen: Eine zu emotionale Entscheidung macht wahrscheinlich niemanden froh. Nehmen Sie einen Freund oder eine Freundin mit, der/die es schafft, sachlich zu bleiben und kein noch größeres Weichei ist, als Sie es sind, sonst nehmen Sie vielleicht die falsche Katze mit nach Hause. Es gibt so viele Katzen, die ein Zuhause brauchen: Nehmen Sie die, die passt, nicht die mit der traurigsten Geschichte.

Tierheimsituationen sind stressig und sehr verwirrend für Katzen. Wenn irgend möglich, versuchen Sie, sich mit der Katze, für die Sie sich interessieren, in einem ruhigen Raum ein bisschen zu beschäftigen. Nehmen Sie sie auf den Schoß und versuchen Sie, ein Gefühl für ihre Persönlichkeit zu bekommen. Sie wird wahrscheinlich ein paar Minuten brauchen, um sich zu sammeln, aber die meisten einigermaßen ausgeglichenen, vertrauensvollen Katzen reagieren ziemlich schnell auf die Aufmerksamkeit, die Sie ihnen widmen, auf Ihr Streicheln, und entspannen sich auf Ihrem Schoß, fangen an zu schnurren und drängen ihren Kopf in Ihre Hand. Das ist die Katze, die Sie suchen.

# Problemkatzen

Wenn Sie unbedingt eine Katze mit offensichtlichen Problemen adoptieren wollen, ziehe ich meinen Hut vor Ihnen. Aber seien Sie wirklich ehrlich zu sich, was das bedeutet: Eine Katze mit Problemen ist schwieriger und oft teurer im Zusammenleben als eine, für die sowieso alles spricht. Und denken Sie auch daran, dass Sie – falls sich später herausstellt, dass Sie mit dieser schwierigen Katze doch die falsche Entscheidung getroffen haben – für dieses Tier wahrscheinlich kein anderes Zuhause finden werden.

# Jeder Tag ein Kinderspiel

Eine Katze nach Hause zu holen, ist unglaublich aufregend, völlig egal, ob man acht Jahre alt ist und seine Eltern endlich herumgekriegt hat oder vierzig und bereit für eine neue Liebesgeschichte – mit einem Vierbeiner. Die ersten Wochen werden Arbeit sein, vielleicht unruhig und durcheinander, aber das macht nichts: Alle guten Beziehungen verlangen Geduld und einen guten Humor, um erfolgreich zu werden. Sie werden schon bald wehmütig an die Zeit zurückdenken, als sie frisch verliebt waren und die neue Affäre noch ungewohnt und aufregend war.

## Wie man seine Wohnung katzensicher macht

Damit das Unternehmen von Anfang an ein Erfolg wird, müssen Sie einige Vorbereitungen treffen. Sie müssen sicherstellen, dass sich Ihre neue Katze oder das Katzenkind in Ihrer Wohnung oder Ihrem Haus nicht in Gefahr bringen kann. Wenn es irgendetwas Gefährliches in Ihrer Wohnung gibt, seien Sie versichert: Ihre Katze wird es finden.

Sehen Sie sich also Ihr Haus mit den Augen einer Katze an, bevor Sie sie nach Hause bringen. Sehen Sie sich Tische, Regale und andere Möbel an, auf die Ihre Katze klettern kann: Steht da irgendetwas, das sie umwerfen kann? Wenn es etwas zum Umwerfen gibt, wird sie es tun. Bringen Sie Ihre Porzellanfiguren und Vasen für eine Weile in Sicherheit, bis Ihre Katze etwas ruhiger und vernünftiger geworden ist.

Wenn Sie schon mit einem Kleinkind durch die Kindersicherungsphase gegangen sind, wissen Sie, was auf Sie zukommt. Wenn nicht, werden Sie sehr bald Mitgefühl für junge Eltern entwickeln. Haben Sie keine Angst: Sie müssen nicht bis ans Ende Ihrer Tage im Ausnahmezustand leben, nur so lange, bis Ihre Katze nicht mehr ganz so jung und albern ist.

Sehen Sie nach, ob der Abstand zwischen Wand und Kühlschrank so ist, dass Ihre Katze dahinter geraten könnte: Blockieren Sie gegebenenfalls dieses Versteck mit etwas Pappe. Bringen Sie Ihr Nähzeug in einer verschließbaren Schachtel oder einer Kommode unter: Katzen und Katzenkinder lieben alle Arten von Fäden, Garn, Wolle, Bändern oder Gummis und haben keine Ahnung, dass es gefährlich sein kann, dergleichen zu schlucken – womöglich noch mit einer Nadel daran.

Katzenkinder finden es lustig, Klopapier komplett abzurollen. Hängen Sie es deshalb »falschrum« auf, sodass Sie es sozusagen von unten nach oben abrollen müssen. Machen Sie den Toilettendeckel zu: Katzen sind von Wasser fasziniert, und wenn Sie nicht wollen, dass Ihr Katzenkind ein Bad in der Schüssel nimmt – oder gar ertrinkt –, schließen Sie jedes Mal den Deckel.

Schließen Sie Schubladen jedes Mal gleich, nachdem Sie sie geöffnet haben: Nicht nur könnten Sie Ihr albernes Katzenkind versehentlich in der Kommode einschließen, manchmal klettern die Spaßvögel *hinter* die Schublade in die Kommode und können ernsthaft verletzt oder zerquetscht werden, wenn Sie nichts ahnend die Schublade schwungvoll schließen.

Wenn Sie eine sehr junge Katze ins Haus holen, wird sie Ihre bodenlangen Vorhänge wahrscheinlich für eine Art Liane halten. Junge Katzen lieben es zu klettern, aber es ist viel sicherer, das auf einem Kratzbaum zu üben als an Ihren teuren Vorhängen. Knoten Sie die Vorhänge also hoch oder falten Sie sie über die Vorhangstangen für die ersten zehn

Wochen oder so – und spielen Sie mit dem Kätzchen stattdessen am Kratzbaum.

Lassen Sie Ihre Katze nicht unbeaufsichtigt in einem Zimmer mit offenen oder gekippten Fenstern. Es gibt im Fachhandel kleine Gitter, die man über die Kipp-Öffnung klemmen kann, damit Ihre Katze sich nicht aus dem Fenster stürzen kann, oder sichern Sie die Fenster mit dünnen Fliegengittern.

Bringen Sie Kabel außer Sichtweite und bestreichen Sie alle elektrischen Schnüre, die Sie nicht verstecken können, mit Tabasco oder einer Bitter-Flüssigkeit aus dem Tierfachhandel, damit Ihre Katze nicht darauf herumkaut: Aus irgendwelchen Gründen scheinen die Gummimäntel von Kabeln süßlich und angenehm zu schmecken: Selbst mein zweijähriger Siamkater musste zweimal operiert werden, weil er das Hörerkabel meines Faxgerätes so unwiderstehlich fand, dass er sich damit den Magen perforierte.

Katzen lieben dunkle, warme Plätze, und ein Trockner voller warmer, sauberer Sachen scheint vielen Katzen ein geradezu idealer Ort zu sein, um dort ein kleines Schläfchen zu machen. Sie würden sich wundern, wie leicht man eine Katze im Trockner übersieht, ein paar feuchte Sachen auf sie schmeißt und den Trockner noch mal anstellt.

Außerdem lieben Katzen Pflanzen – das heißt, sie kauen gerne auf ihren Blättern herum oder fressen sie mit der gleichen Hingabe, mit der Sie sich für Feldsalat begeistern. Katzen diese Unart abzugewöhnen bzw. ihnen ihre eigenen Pflanzen zur Verfügung zu stellen, ist eine Sache (siehe hierzu S. 68), aber in der Zwischenzeit müssen Sie alle giftigen Pflanzen für immer aus Ihrem Haus und Ihrem Umfeld verbannen. Amaryllis und Weihnachtsstern gelten als giftig bzw. können bei Ihrer Katze schwere Bauchschmerzen verursachen.

Schließen Sie Putzmittel und Anti-Frost-Mittel für Ihr Auto weg: Manche dieser Substanzen schmecken süßlich, und weniger als ein Teelöffel reicht schon, um eine Katze umzubringen.

## Giftige Pflanzen

Die meisten dieser Pflanzen machen Ihre Katzen »nur« krank, einige von ihnen können allerdings auch tödlich sein. Wenn Ihre Katze mit diesen Pflanzen herumgespielt und womöglich etwas gefressen hat, rufen Sie Ihren Tierarzt an.

Amaryllis
Aloe
Avocado
Azaleen
Chrysanthemen
Christrosen
Clematis
Efeu
Weihnachtsstern
Margeriten
Geranien
Hibiscus
Hyazinthen
Iris
Kirsche (welkende Blätter)
Kirschlorbeer
Marihuana
Mistelzweige
Nachtschattengewächse
(z. B. Tomatenpflanzen)
Tulpen
Oleander
Philodendron
Primeln
Rhododendron
Yucca-Palmen

# Einkaufsliste

Keine Bauernkatze hätte sich jemals träumen lassen, was für Luxusartikel es mittlerweile für Katzen zu kaufen gibt – von desodorierter Katzenstreu über Katzenhimmelbetten zu Designer-Futternäpfen, Fenstersesseln bis hin zu Spielzeugen in jeder Form. Ausführung und Farbe sind dabei keine Grenzen gesetzt – höchstens Ihrem Kontostand.

Die grundsätzlichen Dinge, die eine Katze braucht, sind nicht besonders teuer oder aufwändig. Der Rest bleibt Ihnen überlassen.

**Katzenklo:** Es gibt sie in den unglaublichsten Ausführungen, und Sie haben die Wahl – aber nur, solange Ihre Katze sich Ihrer Wahl anschließt.

Millionen von Katzen nutzen mit größter Zufriedenheit die einfachen Katzentoiletten mit erhöhtem Rand, die es in verschiedenen Höhen und Farben gibt. Achten Sie darauf, dass das Klo für ein Katzenkind nicht so hoch sein darf, dass es Schwierigkeiten hat, hineinzuspringen.

Außerdem gibt es Katzentoiletten mit Deckel und Schwingtür. Manche Katzen schätzen in der Tat die Privatsphäre, die ihnen dadurch gewährt wird; außerdem wird es dem Hund praktisch unmöglich gemacht, aus dem Katzenklo eine Snackbar zu machen. Auch wenn Ihnen der Anblick eines gebrauchten Katzenklos nun erspart bleibt, müssen Sie es allerdings trotzdem zweimal täglich säubern.

**Kloschaufel:** Gibt es aus Plastik oder Metall, um die Hinterlassenschaften Ihrer Katze aus dem Klo zu entfernen.

**Katzenstreu:** Auch hier obliegt es Ihrer Katze zu entscheiden, welche Art der Streu ihr am angenehmsten ist. Die meisten Katzen kommen gut mit Tonstreu zurecht, egal wie grob- oder feinkörnig sie ist. Die etwas teurere Klumpstreu ist am angenehmsten für Mensch und Tier: Flüssigkeit verklumpt und lässt sich so leicht entfernen, die Streu bleibt insgesamt sauberer und trockener und muss nicht jede Woche komplett erneuert werden, der Geruch wird minimiert.

**Futter-und Wassernäpfe:** Jeweils ein Futternapf pro Katze aus einem Material, das sich leicht reinigen oder in die Spülmaschine stecken lässt.

**Kratzbaum:** Für Katzen ist das Schärfen ihrer Krallen so normal wie atmen, also *müssen* Sie Ihrer Einrichtung zuliebe einen Kratzbaum anschaffen. Wie auch immer das Ding beschaffen ist, wie hoch, wie breit, mit wie vielen Liegeplätzen und verschiedenen Ebenen: Hauptsache, der Kratzbaum ist stabil und fällt unter keinen Umständen um. Mehr zum Thema Kratzbaum im Kratzbaum-Teil dieses Kapitels.

**Katzenbett:** In Wirklichkeit schlafen Katzen da, wo sie wollen – in Ihrem Bett, auf Ihrem Sofa, auf Ihren sauberen Kleidungsstücken, auf Ihren schmutzigen Kleidungsstücken, auf Ihrer Computertastatur, auf Ihrem Fernseher, auf Ihrem Gesicht, auf dem Buch, das Sie gerade lesen, vor allem, wenn Sie umblättern wollen. Das heißt aber nicht, dass Sie Ihrer Katze nicht ein Bett für sie alleine gönnen sollten: Fast alle Katzen lieben höhlenartige Betten, die es in verschiedenen Ausführungen, als Weidenkörbe oder Plüschbettchen gibt. Bei der Auswahl eines Kissens sollten Sie darauf achten, dass Sie den Bezug abnehmen und waschen können.

**Halsband:** Die meisten Katzenhalter sind grundsätzlich ambivalent, was Halsbänder an ihren Katzen betrifft, weil sie befürchten, dass ihre Tiere sich mit dem Halsband in Zweigen verfangen und damit erdrosseln. Andere sind es einfach leid, dauernd neue Halsbänder zu kaufen, wenn ihre Katze ihres mal wieder verloren hat. Tatsächlich kosten Katzenhalsbänder fast nichts, und sie haben normalerweise einen Gummizug, der es der Katze erlaubt, sich aus dem Halsband herauszuwinden, sollte sie wirklich irgendwo hängen bleiben.

Katzen, die nach draußen dürfen, sollten *unbedingt* ein Halsband mit wasserfester Adressenbombe tragen, in der Ihre Telefon- und Handynummer stehen: Katzen gehen immer wieder verloren, und auf diese Weise ist die Chance unendlich viel größer, dass Sie sie wiederbekommen. Meinetwegen können Sie an dem Halsband auch ein Glöckchen befestigen, das angeblich Vögel vor Ihrem Raubtier warnen soll. In Wirklichkeit wird es allerdings wahrscheinlich nur Ihnen auf die Nerven gehen.

**Transportbox:** Jede Katze braucht eine kleine Transportbox, mit der Sie sie zum Tierarzt bringen, vom Züchter oder Tierheim abholen, mit der Sie mit ihr verreisen, in die Sie Ihre Katze stecken können, wenn irgendwelche Katastrophen ausbrechen. Kaufen Sie *keine* aus Korb – wenn Ihre Katze aus Stress pieselt, können Sie den Korb nicht auswaschen –, *nicht* aus Karton – Sie brauchen eine haltbare Box fürs Leben – und *keine*, die wie ein Käfig ganz und gar aus Metall ist – wenn sie von allen Seiten exponiert ist, kann sich Ihre Katze nicht sicher fühlen.

**Spielsachen:** Für Katzen, die immer oder hauptsächlich im Haus leben, sind Spielsachen nicht einfach nur Luxus: Sie sind ein wichtiges Mittel, mit dem Sie Ihre Katze vor Langeweile bewahren, sich mit ihr an-

freunden und außerdem Ihre Katze sportlich betätigen. Sie können unglaublich viel Geld für Spielsachen ausgeben, für batteriebetriebene Supermäuse und komplette Katzen-Spielcenter, die wahrscheinlich auch jedes Kleinkind erfreuen könnten. Ich persönlich habe allerdings festgestellt, dass die besten Katzenspielsachen gar nicht viel kosten. Ganz oben auf der Liste stehen alle Arten von »Angeln«, an denen kleine Fellmäuse oder Federn an einem festen Faden baumeln. Sie können die Feder oder Maus durch die Luft schwirren lassen, um Ihre Katze bei der Verfolgung zu Sprüngen und Hopsern zu bewegen, oder winzige Bewegungen machen, damit sie sich anschleicht. Sie können sie auf der Jagd den Flur hinunter hinter sich her rennen lassen, bis Sie beide nicht mehr können. Kleine Fellmäuse sind auch immer ein großer Erfolg sowie kleine, leichte Bälle, in deren Innerem ein Glöckchen klingelt.

## Katzenminze

Nicht alle Katzen machen sich etwas aus Katzenminze: Es ist genetisch bedingt, ob Katzen sie mögen oder nicht, und das auch erst ab einem Alter von dreizehn, vierzehn Wochen. Die Katzen allerdings, die sie schätzen, geraten über ein paar Löffel getrockneter Katzenminze, die man in jedem Tierfachgeschäft kaufen kann, außer sich vor Glück, rollen sich darin, schnurren, hüpfen herum und scheinen generelles Hurra zu empfinden. Eine Substanz namens Nepetalacton in den Blättern der Katzenminze – Nepeta cataria für die Botaniker unter Ihnen, eine hübsche Beetpflanze, die blau blüht – sorgt für dieses Verhalten, ist aber harmlos und macht nicht süchtig.

## Ankunft zu Hause

Der Tag, an dem Sie Ihre Katze oder Ihr Katzenkind nach Hause bringen, ist ein aufregender Tag für alle Beteiligten. Wenn es ein Katzenwelpe ist, muss er an diesem Tag weg von seiner Mama und den Geschwistern und soll sich nun also an Sie gewöhnen – eine riesige, fremde Kreatur, und in seinen Augen ziemlich merkwürdig und unberechenbar. Wenn Sie eine erwachsene Katze nach Hause bringen, hat sie noch das ganze Gepäck aus ihrem früheren Leben dabei und ist sich ziemlich

unsicher, wie wohl nun ihre Zukunft aussehen wird.

Tun Sie das, was Sie auch mit einem fremden Kind machen würden, das zu Besuch kommt: Seien Sie für Ihre Katze da, aber drängen Sie sich nicht auf. Haben Sie Geduld. Versuchen Sie, sich für ein paar Tage freizunehmen, wenn Sie Ihre Katze holen, oder versuchen Sie wenigstens, sie an einem Freitagabend zu holen, damit Sie das Wochenende in Ruhe vor sich haben und ihr genug Zeit und Aufmerksamkeit widmen können.

## Abholen

Wenn Sie Ihre Katze abholen, benutzen Sie eine Transportbox mit einem dicken Handtuch darin. Es spielt keine Rolle, dass Sie oder Ihre Kinder das Kätzchen oder die Katze so gerne im Auto auf dem Schoß halten würden, es ist egal, ob das kleine Tier maunzt und klagt hinter seinem Gitter: Die Katze muss nur einmal Kratzen oder vor Schreck fauchen, damit man sie erschrocken loslässt – und schon ist sie frei im

Auto, könnte aus dem Fenster springen, Ihnen beim Fahren unter die Pedale geraten, Ihnen ins Gesicht springen ... Nicht auszudenken, was alles passieren kann. Selbst wenn Ihre Katze einfach unter dem Sitz hocken bleibt, werden Sie bei der Ankunft größte Schwierigkeiten haben, sie wieder herauszubekommen, und die ganze Angelegenheit wird Ihre neue Katze nicht gerade davon überzeugen, dass Sie eine Person sind, der man vertrauen kann.

Stecken Sie Ihre Katze also bitte in eine Transportbox, und wenn Sie zu Hause angekommen sind, stellen Sie die Box in den Raum, in dem sich die Katze anfangs hauptsächlich aufhalten soll, gleich in der Nähe des Katzenklos, öffnen Sie die Tür der Box, machen Sie sich einen Tee und holen Sie Ihre Kamera.

## Die ersten Tage

Zu behaupten, dass Katzen Umstellungen hassen, ist noch eine sanfte Untertreibung: Katzen haben Routine überhaupt erfunden. In ein neues Zuhause zu kommen, ist dabei eine riesige, gewaltige Umstellung und überhaupt kein Spaß für Ihre neue Katze. Gesunde, neugierige Katzenkinder tun sich da meistens etwas leichter, aber stellen Sie sich darauf ein, dass Ihr neuer Lebenspartner sich vielleicht erst einmal unterm Bett versteckt und Sie anfaucht, wenn Sie Kontakt aufnehmen wollen. Haben Sie Geduld, während Ihre Katze sich ganz *langsam* und in ihrem eigenen Tempo auf Ihr Leben und Ihre Routine einlässt. Es wird besser, versprochen.

Halten Sie die Willkommensparty so klein wie möglich: Ihre Freunde, Verwandte und die Freunde Ihrer Kinder können sich die neue Katze auch noch ansehen, wenn die sich ein bisschen bei Ihnen zu Hause eingewöhnt hat.

**Halten Sie die neue Welt Ihrer Katze klein und übersichtlich.** Ihre neue Katze oder das Katzenkind wird anfangs überfordert sein, wenn sie/es sofort mehrere Zimmer, den Flur und womöglich noch eine halbe Treppe durchwandern muss, um von ihrer/seiner sicheren, gemütlichen Transportbox zum Katzenklo zu kommen. Am besten ist es, Sie richten Ihrer Katze erst einmal einen »eigenen«, möglichst kleinen Raum ein, der ruhig, aber möglichst nahe am Geschehen ist, in dem sie sich sicher fühlen kann, während sie sich an das neue Leben gewöhnt: das Badezimmer (eignet sich meistens gut, weil es warm, leicht zu säubern und nicht zu weit weg ist, aber schließen Sie Rasierklingen, Medikamente und Seife weg), die Küche, ein Gästezimmer. Ist bei Ihnen die Küche das Zentrum des Lebens, stellen Sie Futter und Wasser, Katzenklo, einen kleinen Kratzbaum und die Transportbox mit Katze beispielsweise ins Gästeklo, lassen Sie die Tür der Transportbox auf und gehen Sie in die Küche. Oder bauen Sie das Ganze in der Küche auf – und bewegen Sie Ihre Familie ins Wohnzimmer. Ziehen Sie die Katze keinesfalls aus ihrer Transportbox heraus und überschütten sie mit Aufmerksamkeit. Lassen Sie sie in Ruhe und geben sie ihr die Zeit, von alleine auf Sie zuzukommen. Eine ängstliche Katze oder ein verstörtes Katzenkind wird länger dafür brauchen als ein gut sozialisiertes Tier.

Erlauben Sie Ihrer Katze, sich so weit vorzuwagen, wie sie will. Drängen Sie sie nicht. Wenn irgendetwas sie auf dem Weg aus ihrem Sicherheitsraum erschreckt, kann sie immer wieder zurück und erneut in Ruhe ihren ganzen Mut zusammennehmen, bevor sie sich wieder in die neue Welt außerhalb des Badezimmers traut. Sie wird sich früher oder später anpassen und im ganzen Haus sicher fühlen. Wenn es so weit ist, können Sie Futternäpfe und Katzenklo an eine Stelle räumen, die für Sie bequemer ist. Lassen Sie allerdings das Katzenklo nicht einfach verschwinden und stellen es an einen neuen Ort: Kaufen Sie noch eins oder, wenn Sie ein großes Haus haben, zwei, und stellen Sie sie an ruhigen, für Ihre Katze gut zugänglichen Orten auf. Wenn Ihre Katze genau weiß, wo die Klos sind, können Sie das eine oder andere wieder wegnehmen.

## Wie man eine Katze hochnimmt

1. Überraschen Sie Ihre Katze nicht: Bevor Sie Ihre Katze hochnehmen, machen Sie Ihr Vorhaben deutlich.
2. Fassen Sie die Katze unter dem Bauch und nehmen Sie sie so hoch, dass Sie sie mit dem Rücken zu sich halten.
3. Die Hinterbeine sollten bequem gestützt werden, weil sie der schwerste Teil des Katzenkörpers sind.
4. Lassen Sie die Vorderpfoten möglichst frei, damit die Katze sich frei und sicher fühlt: Katzen hassen es, wenn man ihre Vorderbeine oder Pfoten festhält.
5. Halten Sie sie nicht zu fest, drücken Sie sie nicht.
6. Atmen Sie nicht in die Ohren, Augen oder Nase Ihrer Katze – das kitzelt.

# Kinder

Kinder und Katzen sind eine fabelhafte Verbindung, allerdings müssen ein paar Regeln aufgestellt werden, bevor Sie die neue Katze nach Hause bringen. Kinder und Katzen können sich gegenseitig ziemlich wehtun. Katzenkinder können durch zu viel Liebe (= zu feste Umarmungen) umgebracht werden. Vor allem kleine Kinder haben keine Ahnung, wie zerbrechlich Kätzchen und wie stark sie selber sein können, und Katzen, die sich bedroht oder missverstanden fühlen, neigen dazu, sich mit Einsatz von Zähnen oder Krallen zu wehren.

Jeder, der mit einer Katze zusammenleben will, muss wissen, dass die meisten Katzen sehr ungern am Bauch gekrault werden. Selbst Katzen, die das anfangs zu mögen scheinen, können plötzlich zickig werden und Ihre Hand mit Zähnen oder Krallen greifen. Bringen Sie Ihren Kindern bei, diese sehr sensible Zone auszulassen und die Katze lieber hinter den Ohren oder am Rücken zu kraulen. Erklären Sie Ihren Kindern, in den ersten Tagen nicht in der Nähe der Katze kreischend durch die Gegend zu galoppieren, wenn es sich irgendwie vermeiden lässt.

**Babys:** Unter keinen Umständen sollte eine Katze (oder überhaupt irgendein Haustier) unbeobachtet mit einem Säugling oder Baby alleine gelassen werden. Es ist natürlich eine alte Mär, dass Katzen sich auf Säuglinge legen, um sie zu ersticken. Andererseits riechen Babys so wundervoll nach Milch und sind so warm und friedlich – wenn sie schlafen –, dass es für eine Katze durchaus Sinn machen würde, sich in den Stubenwagen dazuzulegen. Und eine Katze kann ganz schön schwer sein.

**Kleinkinder:** Kleinkinder können nicht verstehen, dass Zudrücken, Pieken, Zerren und Ziehen oder dolles Kneifen nicht angenehm für die Katze ist. Die meisten Katzen haben schnell heraus, dass man um kleine Menschen dieser Größe am besten einen großen Bogen macht, aber trotzdem könnte Ihr Kind gebissen oder gekratzt werden, wenn Ihre Katze sich erschreckt. Lassen Sie Ihren kleinen Wüstling nicht mit Ihrer Katze allein und klemmen Sie ein Babygitter in die Tür zu dem Zimmer, das der Fluchtort Ihrer Katze bleiben soll. Dreijährige können sehr gut verstehen, dass ein anderes Wesen nicht gepiekt werden möchte. Wenn es das versucht, pieken Sie Ihr Kind auch – sanft! –, damit es versteht, dass das für die Katze nicht angenehm ist. Streicheln Sie die Katze zusammen mit Ihrem Kind, damit es lernt, wie weich und schön das ist.

**Größere Kinder:** Größeren Kindern kann man ohne Weiteres erklären, dass sie sich ruhig verhalten und einigermaßen leise sprechen sollen, wenn die neue Katze auf sie zukommt, damit sie sich nicht fürchtet. Ab etwa dem Augenblick, in dem Ihr Kind in die Vorschule geht, ist es groß genug, um so etwas wie Verantwortung für das Haustier zu lernen und zu übernehmen. Bringen Sie Ihren Kindern bei, stolz auf ihre Katze zu sein, lassen Sie sie kleine Aufgaben erledigen wie das Wasser zu wechseln oder die Katze zu füttern. Das Angelspiel können sie auch längst spielen oder kleine Fellmäuse durch die Gegend schnippen.

## Katzenbisse

Katzenbisse sind kein Witz. Katzen haben ein paar ziemlich gemeine Bakterien im Maul, die zu ernsthaften Infektionen führen können und für Menschen mit sehr schwachem Immunsystem bedrohlich sind. Waschen Sie einen Katzenbiss sofort mit einem Desinfektionsmittel wie Betaisodona aus und beobachten Sie die Wunde: Wenn sich Zeichen einer Entzündung zeigen, gehen Sie sofort zum Arzt.

## Andere Tiere

Wenn Sie noch andere Tiere haben, sollten Sie die neue Katze vom Tierarzt untersuchen lassen, bevor Sie sie nach Hause bringen. Sie müssen die neue Katze auf ansteckende Krankheiten untersuchen lassen, Atemwegsprobleme oder Milben. Riskieren Sie vor lauter Freude über Ihr neues Kätzchen nicht die Gesundheit der Tiere, die schon bei Ihnen leben. Sollte ein Tierarztbesuch nicht möglich sein – weil Ihnen beispielsweise an einem Sonntag eine Katze zuläuft –, dann halten Sie sie in einem extra Zimmer isoliert, bis Sie am Montag zum Tierarzt gehen können.

## Hund im Haus

Sie kennen Ihren Hund, Sie können am besten einschätzen, ob er überhaupt in der Lage sein wird, sich an eine Katze im Haushalt zu gewöhnen. Das Beste ist es, nicht zu viel Theater um die neue Katze zu machen: Wenn Sie sich nicht ganz sicher sind, ob es klappen kann, lei-

hen Sie sich von jemandem eine riesengroße Hunde-Flugbox, in der Sie das »eigene Zimmer« der kleinen Katze einrichten, komplett mit Bett, Futter- und Wassernäpfen und kleinem Katzenklo. Stellen Sie die große Box in der Küche oder dem Wohnzimmer auf einen Tisch, so, dass die Box nicht herunterkippen kann, aber so, dass Hund und Katze einander beobachten und durch das Türgitter beschnüffeln können.

Lenken Sie Ihren Hund ab, erklären Sie ihm, dass er natürlich vieltausendmal toller ist als das komische kleine Fellding und Sie auch keine Ahnung hätten, wie das hier hereingekommen sei. Machen Sie keinerlei Aufhebens von der neuen Katze, aber lassen Sie Ihren Hund auch nicht alleine im Zimmer mit dem fremden Tier in der Box. Wenn Ihr Hund gerade mal nicht da ist – weil er andere Termine hat, spazieren geht oder im Garten spielt –, lassen Sie die Katze bei geschlossener Zimmertür aus der Box kommen, wenn sie will, damit sie sich in Ruhe das Zimmer ansehen kann.

Wenn Sie das Gefühl haben, dass beide Tiere einander eigentlich nicht besonders aufregend oder interessant finden, lassen Sie die Flugboxtür offen, setzen Sie sich möglichst unbeteiligt in die Nähe, lesen Sie ein Buch und gucken unauffällig über dessen Rand, wenn Sie Ihre Tiere beobachten. Die werden das schon alleine hinbekommen, solange beide genügend Fluchtraum haben.

## Hamster, Kanarienvögel und Wüstenspringmäuse

Wenn Sie Kleinvieh halten und eine Katze davon überzeugen wollen, dass dies keine köstlichen kleinen Zwischenmahlzeiten sind, viel Glück. Sie haben eigentlich nur eine Möglichkeit: Stellen Sie die Käfige oder das Aquarium so auf, dass Ihre Katze sie nicht erreichen kann. Selbst

wenn die Käfige so gesichert sind, dass Ihre Katze sie auf keinen Fall aufhebeln kann, haben Ihre kleinen Haustiere es nicht verdient, von einer gelangweilten Katze in Todesangst versetzt zu werden, die den Nachmittag auf ihrem Käfig liegend verbringt und sozusagen Heimtier-TV spielt.

## Eine andere Katze im Haus

Es ist wichtig, dass Sie sich klar machen, dass Katzen ausgesprochen territoriale Tiere sind. Die Katze, die bereits bei Ihnen lebt, wird das Gefühl haben, ein Fremder mache sich ungefragt in ihrem Heim breit, mache ihr Futter, Platz und Ihre Liebe streitig – und das wird sie verhindern wollen. Es kann sein, dass Ihre bereits vorhandene Katze aggressiv auf die Neue reagiert oder anfängt, ihre Umgebung zu markieren. Manche Katzen werden so unglücklich oder beleidigt, dass sie ihre Sachen packen und ausziehen.

Sie müssen Ihre »alte« Katze gut auf den Neuankömmling vorbereiten. Loben Sie sie auf Schritt und Tritt für alles, was sie gut und richtig macht. Überschütten Sie sie mit Liebe, seien Sie ruhig ein bisschen lästig, sie wird sich umso sicherer fühlen. Ihre große Liebe ist die Katze, die Sie schon haben, und dieser Fremdling, den Ihre Freundin da ins Haus gebracht und dann vergessen hat, geht Sie gar nichts an.

Wenn der große Tag kommt, bringen Sie die neue Katze nicht selbst ins Haus, sondern lassen Sie das von einem Freund oder einer Freundin machen.

Viele Leute machen den Fehler, großes Aufhebens um die neue Katze zu machen, sodass sich die alte Katze vernachlässigt und zurückgesetzt fühlt und eifersüchtig wird. Das Gegenteil ist angesagt: Ignorieren Sie die neue Katze, lenken Sie Ihre ganze Aufmerksamkeit auf die Katze(n), die Sie schon vorher hatten, und stellen Sie klar, dass die »Alte« Ihre Lieblingskatze ist, die nichts zu befürchten hat. Ihre neue Katze erwartet von Ihnen zunächst keine Aufmerksamkeit oder Liebe, wichtig ist momentan nur, dass Ihre alte Katze die neue möglichst problemlos akzeptiert und kein Trauma ausgelöst wird, das nicht mehr reparabel ist.

Beim Einführen einer neuen Katze können Sie folgendermaßen vorgehen:

1. Lassen Sie die neue Katze von einer Freundin/einem Freund in einer Transportbox ins Haus bringen, deren Boden mit Zeitungsschnipseln ausgelegt ist, und

möglichst im Wohnzimmer oder Gästezimmer in der Nähe Ihrer alten Katze auf den Boden stellen.

2. Sie und alle anderen Familienmitglieder kümmern sich *überhaupt nicht* um die Box mit der neuen Katze. Unterhalten Sie sich über das Wetter, über Ihr Lieblingsrestaurant, irgendetwas, nur nicht über Katzen. Gehen Sie mit der Transportbox mit der fremden Katze so um, als hätte Ihr Besuch einen Regenschirm mitgebracht.
3. Wenn Ihre Katze vorbeikommt und an der Transportbox schnüffelt, ignorieren Sie das Ganze, unterhalten Sie sich weiter über den Schlussverkauf, die Fußballergebnisse etc.
4. Ihr Besuch soll noch eine Weile dableiben. Wenn Ihre Katze entspannt im gleichen Raum bleibt, ohne die Transportbox permanent anzustarren, bitten Sie Ihre alte Katze in die Küche, um etwas zu fressen. Alle Familienmitglieder sollten mitkommen, um den Besuch mit seiner ollen Katze allein zu lassen. In der Zwischenzeit lässt Ihre Freundin/Ihr Freund die neue Katze »aus dem Sack«, d. h. aus der Kiste. Das hat den Vorteil, dass Ihre Katze Ihnen nicht vorwerfen kann, Sie hätten dem fremden Tier Zutritt zu ihrem Territorium erlaubt, und die neue Katze außerdem ein bisschen Zeit hat, sich ungestört umzusehen, also nicht ganz so sehr unter Druck gerät.
5. Wenn Ihre Katze ins Wohnzimmer kommt, sollte Ihr Besuch das Zimmer verlassen, ohne irgendetwas zu den Katzen zu sagen oder sie zu ermutigen. Niemand ist an den Katzen interessiert. In dem Moment nämlich, in dem Sie irgendein Interesse an irgendeiner Katze ausdrücken, wird Ihre alte Katze sofort besitzergreifend reagieren und dem Neuling erstmal zeigen, was eine Harke ist. Wenn Sie sich wirklich nicht beherrschen können und unbedingt mal gucken wollen, dann tun Sie so, als hätten Sie in Wirklichkeit etwas ganz anderes vor, eine Zeitschrift holen oder die Teetassen wegräumen. *Ignorieren Sie die Katzen.*

6. Wenn jetzt herumgefaucht wird, machen Sie sich keine Sorgen. Fauchen ist nicht aggressiv, sondern defensiv. Wenn leise herumgeknurrt wird oder eine Katze unfreundlich vor sich hin murmelt, ist das auch kein Grund zur Sorge.
7. Wenn allerdings laut geheult oder geschrien wird, ist das ein Zeichen dafür, dass Holland in Not geraten ist. Lassen Sie eine Pfanne oder einen Topfdeckel auf den Küchen- oder Flurboden fallen, um die Tiere voneinander abzulenken. Wenn das Getöse der Katzen weitergeht, müssen Sie die Katzen voneinander trennen. Ihre Freundin/Ihr Freund soll die neue Katze nehmen und sie ins Badezimmer oder ein Gästezimmer setzen, das nicht häufig gebraucht wird.
8. Wenn die beiden Katzen das Stadium erreicht haben, in dem sie nicht mehr auf und ab gehen, sondern im gleichen Zimmer sitzen und sich dabei zwar im Auge behalten, aber nicht bohrend anstarren, sollten Sie und Ihre Familie Ihr Desinteresse noch weiter demonstrieren, indem Sie eine halbe Stunde die Wohnung verlassen und spazieren gehen.

9. Wenn Sie wieder kommen, begrüßen Sie Ihre Katze freundlich, setzen Sie sich zum Tee ins Wohnzimmer und unterhalten Sie sich (so viel Zeit für Gespräche werden Sie wahrscheinlich nie wieder haben – bis Sie die nächste Katze in den Haushalt einführen!) für zehn Minuten oder so. Wenn nichts Schlimmeres passiert, als dass die Katzen sich ab und zu mal anfauchen, darf Ihr Besuch jetzt gehen. Er vergisst eben aus Versehen »seine« Katze. So ein Pech.

Über die nächsten Tage müssen Sie und Ihre Familienmitglieder die neue Katze weiterhin ignorieren. Stellen Sie ihr Futter hin, aber sprechen und fassen Sie sie nicht an. Die beiden Katzen bekommen das schon alleine hin: Sie werden ausprobieren, wie sich das mit der anderen Katze in den unterschiedlichen Zimmern anlässt, und ihre Territorien abstecken. Wenn die Katzen sich weiterhin anfauchen oder jagen, ignorieren Sie sie. Die Katzen werden die ganze Sache am erfolgreichsten lösen, wenn Sie sich nicht einmischen.

Ein gutes Zeichen ist es, wenn beide Katzen zusammen in einem Raum sitzen und sich dabei nicht anstarren. Fassen Sie die neue Katze immer noch nicht an, wundern Sie sich gegenüber Ihrer alten Katze, dass Ihre Freundin die andere Katze immer noch nicht wieder abgeholt hat, und zeigen Sie keinerlei Emotionen dem Neuling gegenüber. Überlassen Sie die beiden Katzen so viel wie möglich einander alleine. Bevor Sie das Haus verlassen, stellen Sie zwei leere Kartons nebeneinander, die die zwei in Ihrer Abwesenheit gemeinsam untersuchen können.

Das alles mag Ihnen furchtbar aufwändig vorkommen, ist es aber gar nicht. Es handelt sich nur um ein paar Tage, höchstens eine Woche, dann ist der Kriegszustand vorbei. Sie werden merken, wenn Ihre Katzen beschlossen haben, Freundschaft zu schließen, und Sie maunzend von beiden an der Haustür begrüßt werden und beim Fernsehen je rechts und links eine Katze an Ihren Beinen liegen haben, die gekrault werden will.

# Katzenerziehung

Vieles von dem, was wir als Probleme mit unserer Katze empfinden, sind ganz natürliche Verhaltensweisen, die die Katze zeigt, um irgendwie mit Langeweile umzugehen, mit Krankheit oder Stress. Um Probleme zu lösen, müssen Sie verstehen, woher die Probleme kommen, und Sie müssen lernen, wie Ihre Katze das Ganze sieht. So, wie wir Menschen mit Problemen umgehen – Ärger, Wut oder körperliche Bestrafungen –, werden Sie kein einziges Katzenproblem lösen können, sondern nur alles noch schlimmer machen.

## Wie Katzen lernen

Wenn Sie von Ihrer Katze Dinge wie »Sitz«, »Platz« und »Fuß« erwarten, haben Sie sich das falsche Tier angeschafft. Katzen sind prinzipiell Einzelgänger, das heißt also, sie finden es – anders als Hunde – überhaupt nicht notwendig, sich in ein Rudel einzufügen oder es Ihnen gar recht zu machen. Das Besondere an Katzen *ist* ja nun mal, dass sie so eigenständig und innerlich unabhängig sind: Nehmen Sie sich lieber ein Beispiel, lieben Sie Ihre Katze für das, was sie ist. Mit Ausnahme von Löwen sind alle Katzen Einzelgänger, jagen alleine und sind es gewohnt, für sich selbst zu sorgen. Sie können keine Katze dazu bringen, etwas zu tun, was sie nicht will, und wenn Sie möchten, dass sie ihr Verhalten in irgendeiner Weise ändert, müssen Sie ihr eine Alternative anbieten, mit der Sie beide leben können.

Sie können von Ihrer Katze nichts anderes erwarten, als sich wie eine Katze zu benehmen – aber eben eine manierliche Katze, mit der man leben kann, eine Katze also, die ihr Katzenklo benutzt, nicht Ihr Kopfkissen oder Ihre Schuhe, eine Katze, die zum Schärfen ihrer Krallen den Kratzbaum verwendet und nicht Ihre Lautsprecher. Die gute Nachricht ist: Die meisten Katzen sind ziemlich kompromissbereit.

Katzen lernen aufgrund von Erfahrung. Wenn sie mit einem bestimmten Verhalten eine angenehme Erfahrung machen, werden sie es wiederholen, wenn die Erfahrung unangenehm war, werden sie es in Zukunft lassen. Weil es sich gut anfühlt, die Krallen in die Raufasertapete zu hauen, werden sie es wieder tun, weil es aber wehtut, die Nase in eine Kerzenflamme zu halten, werden sie Kerzen von nun an meiden. Es ist also eigentlich ganz einfach: Sie müssen gutes Benehmen im richtigen Moment belohnen und schlechtes Benehmen exakt in dem Augenblick korrigieren, in dem die Katastrophe passiert.

Klingt leicht, dabei ist es im täglichen Leben gar nicht so einfach, sich an diese einfachen Regeln zu halten. Sie sitzen am Schreibtisch und hören plötzlich Schredder-Geräusche aus dem Wohnzimmer, wo Ihre Katze sich nämlich die Krallen an dem neuen Sessel schärft. Sie rasen ins Wohnzimmer und schreien Ihre Katze an, die allerdings gerade fertig und auf dem Weg zum Sofa ist. Sie schreien Sie also für etwas an, das sie schon gar nicht mehr tut, und wenn sie jetzt auf die Kratzspuren zeigen und »Nein nein nein!« rufen, weiß sie auch kein bisschen, was gemeint ist. »Was will diese komische Person nur?«, wird sie sich denken. »Sind die Kratzer vielleicht nicht tief genug?«

Strafen funktionieren nicht sehr gut bei Katzen – meistens verbinden sie Strafen mit der Person, die straft, nicht mit dem eigentlichen Problem. Prüfen Sie vor irgendwelchen Erziehungsmaßnahmen auch folgende Punkte:

**Krankheit:** Bevor Sie irgendein Verhalten Ihrer Katze zu ändern versuchen, finden Sie heraus, ob ein medizinisches Problem vorliegen könnte. Oft sind Krankheitszeichen sehr subtil und können leicht als Problemverhalten missverstanden werden. Eine Katze mit beispielsweise Diabetes trinkt sehr viel und muss dementsprechend ständig pieseln, und schafft es vielleicht nicht rechtzeitig auf ihr Katzenklo. Eine Katze mit Harnwegsentzündung kann Schmerzen beim Pieseln empfinden und verbindet die Schmerzen mit dem Benutzen ihres Klos – Sie brauchen sich also eigentlich nicht zu wundern, wenn sie aufhört, es zu benutzen. Um derlei zu ändern, brauchen Sie einen Tierarzt, keinen Kurs in Tierpsychologie.

**Stress:** Es könnte auch sein, dass Ihre Katze großem Stress ausgesetzt ist, weil Sie eine neue Katze, einen Hund, ein Baby bekommen haben und nun die gemütliche Welt Ihrer Katze Kopf steht. Also muss sie ihre Welt markieren, damit sie wieder so beruhigend riecht wie vorher. Um den Stress zu mildern, müssen Sie Ihrer Katze vielleicht für eine Weile ein »eigenes Zimmer« zur Verfügung stellen, sich besonders um sie kümmern oder ihr Beruhigungsmittel verschreiben lassen.

**Hohe Erwartungen:** Überlegen Sie, ob Sie zu hohe Erwartungen an Ihre Katze stellen: Wenn Sie beispielsweise das Katzenklo nur einmal in der Woche sauber machen, ist es kein Wunder, wenn Ihre Katze lieber irgendwo aufs Klo geht, wo es sauber und trocken ist und nicht riecht wie auf einem Autobahn-WC. Wenn Sie nicht möchten, dass sie ihre Krallen an Ihrem Sofa schärft, nützt es nichts, ihr zu erklären, dass Kratzen für immer und ewig verboten ist – Sie müssen ihr einen Kratzbaum zur Verfügung stellen, ganz egal, ob Sie die Dinger nun schön finden oder nicht.

**Langeweile:** Oder Ihre Katze langweilt sich zu Tode. Sie erwarten von Ihrer Katze, dass sie den ganzen Tag brav und artig ist, während Sie im Büro sind, und wenn Sie nach Hause kommen, wollen Sie in Ruhe gelassen werden und fernsehen? Katzen, die im Haus leben, brauchen massenweise Spielsachen, Spiele und Unterhaltung von Ihnen. Wenn

Sie das Gefühl haben, dass Ihre Katze ständig unzufrieden ist und sich dauernd langweilt, oder Sie Ihre Katze viel alleine lassen müssen, sollten Sie eine zweite Katze anschaffen, um auf diese Weise für Abenteuer, Freundschaft und Amüsement zu sorgen.

Wenn Sie Ihre Katze nie *richtig* erzogen haben, sondern stattdessen sie immer nur anschreien, bringen Sie Ihrer Katze überhaupt nichts bei, außer, dass Sie nicht ganz zurechnungsfähig sind. Körperliche Strafen haben mit Erziehung überhaupt nichts zu tun – Katzen verstehen derlei überhaupt nicht; sie führen nur vermehrt zu Stress und weiteren Problemen. Selbst wenn Sie Ihre Katze auf frischer Tat ertappen und sie dann anschreien oder gar hauen, bringen Sie ihr auf diese Weise nur bei, dergleichen nicht mehr in Ihrer Nähe zu tun, und zu warten, bis Sie das Haus verlassen haben.

## Katzen-Attacken

Im Laufe eines Lebens mit einer Katze schaffen es die meisten Menschen, von ihrem geschätzten Hauslöwen wenigstens einmal ordentlich gebissen oder gekratzt zu werden. Diese »plötzlichen« Attacken sind dabei im Allgemeinen gar nicht so plötzlich – meistens war der Mensch zu dämlich (aus Sicht der Katze), die Warnzeichen zu erkennen, die die Katze signalisiert hat. Der klassische Fall ist die Katze, die, während sie gestreichelt wird, »plötzlich« die Hand mit ausgefahrenen Krallen packt und auch noch zubeißt. Und der Mensch erschrickt sich zu Tode und versteht gar nichts. Tatsächlich hat die Katze wahrscheinlich längst signalisiert, dass es ihr jetzt langsam reicht – indem ihre Schwanzspitze anfing zu schlagen oder sie ihren Körper anspannte.

## Wer erzieht eigentlich wen?

Die erste Regel zur Grunderziehung ist: Machen Sie nicht alles noch schlimmer, indem Sie versehentlich genau das Verhalten belohnen, das Sie eigentlich abstellen möchten. Wenn Ihre Katze laut heult und jammert, und Sie ihr dann brav die Tür öffnen, damit sie endlich aufhört, hat sie *Sie* erzogen zu tun, was sie von Ihnen will. Wenn Ihre Katze nachts auf Ihrem Bauch Trampolin springt und Sie pflichtschuldigst aufstehen, um mit ihr zu spielen, weil Sie glauben, sie sei einsam: Auf diese Weise belohnen Sie Ihre Katze dafür, Sie nachts zu stören. Typischer Fall von selber schuld.

## Superkatze!

Loben Sie Ihre Katze für alles, was sie in Ihren Augen richtig macht. Wenn sie ihren Kratzbaum benutzt, machen Sie deutlich, dass das genau das Richtige ist, indem Sie mit ihr am Kratzbaum mit der Spielangel spielen oder sie am Kratzbaum streicheln. Loben Sie sie, wenn sie auf ihr Katzenklo geht, loben Sie sie, wenn sie zwischen Ihren Beinen auf ihr Futter wartet, anstatt auf die Küchenablage zu springen.

# Pfuikatze!

Geben Sie Ihrer Katze *nie* das Gefühl, eine Strafe käme in irgendeiner Form von Ihnen. Strafen funktionieren nur, wenn Ihre Katze ein »automatisches« Erlebnis hat, das ihr nicht gefällt – und mit dem Sie, soweit Ihre Katze das beurteilen kann, nichts zu tun haben. Etwa so: Jedes Mal, wenn Ihre Katze auf die Küchenablage springt, klebt es fürchterlich an ihren Pfoten oder sie bekommt eine Ladung Wasser an ihr Hinterteil.

**Verwenden Sie Wasser oder unangenehme Geräusche:** Wenn Ihre Katze irgendetwas macht, was sie nicht soll, bespritzen Sie sie mit einem Wasserstrahl aus einem Pflanzensprüher, aber so, dass Ihre Katze das Wasser nicht mit Ihnen verbindet. Oder lassen Sie Ihren Schlüsselbund fallen, sobald Sie Ihre Katze auf frischer Tat ertappen.

**Verwenden Sie Abdeckungen:** Wenn Ihre Katze sich in Ihren neuen Sessel oder Ihr Sofa verliebt hat und dort Ihre Krallen wetzen möchte, kleben Sie mit doppelseitigem Klebeband Alufolie an die entscheidenden Stellen. Nach einer Weile können Sie die Folie wieder entfernen, falls Sie diese Art der Dekoration genauso wenig schätzen wie hoffentlich Ihre Katze. Wenn Sie nicht möchten, dass Ihre Katze auf der Küchenablage oder dem Küchentisch spazieren geht, bekleben Sie die favorisierten Sprungschanzen mit doppelseitigem Klebeband: Katzen können es nicht leiden, wenn ihre Pfoten kleben.

**Benutzen Sie Bitterstoffe:** Wenn Ihre Katze ständig an bestimmten Dingen oder Pflanzen nagt, bestreichen Sie sie mit Tabasco-Sauce oder einem bitter schmeckenden Mittel aus dem Tierfachgeschäft. Sie brauchen nur ganz wenig, die Geruchs- und Geschmackssinne Ihrer Katze sind hervorragend!

# Der magische Kratzbaum

Katzen *müssen* kratzen, weil sie auf diese Weise ihr Territorium markieren und ihre Muskulatur von den Pfoten über die Beine, über die Schultern und den Rücken hinunter stretchen, während sie ihre Krallen schärfen. Eine Katze, die keinerlei Anstalten macht, ihre Krallen irgendwo zu wetzen, hat eine völlig unterentwickelte Muskulatur. Kaufen Sie also einen Kratzbaum: Wie groß, wie ausladend, ob und mit wie vielen Liegeplätzen, Schlaftrommeln und Ästen, bleibt ganz Ihnen und Ihren

Platzmöglichkeiten überlassen – und den Ansprüchen Ihrer Katze. (Katzen lieben übrigens Kratzbäume, die möglichst hoch sind, von denen sie auf den Rest der Welt hinunterblicken können: Auf diese Weise können sie die hohe Meinung demonstrieren, die sie von sich selber haben, und Ihnen deutlich zeigen, wie weit sie über den Dingen stehen.) Hauptsache, das Ding steht an einer Stelle, wo es nicht herumrutschen kann, wenn Ihre Katze ordentlich daran herumzerrt, und ist, falls es ein hoher Kratzbaum ist, so befestigt, dass er nicht umfallen kann, wenn Ihre Katze hinaufspringt oder auf dem Kratzbaum herumtobt.

Wenn Ihre Katze den Kratzbaum ansieht, als hätte sie so etwas Seltsames noch nie gesehen, vielen Dank, aber nein danke, dann gibt es mehrere Möglichkeiten:

- Reiben Sie den Stamm mit Katzenminze ein.
- Füttern Sie Ihre Katze auf einer Kratzbaumplattform.
- Kratzen Sie selber mit Ihren Fingernägeln am Stamm des Kratzbaumes herum und erzählen Sie Ihrer Katze mit fröhlicher Stimme, wie sensationell sich das anfühlt.
- Spielen Sie möglichst viel mit Ihrer Katze am Kratzbaum; lassen Sie sie die Maus an der Angel den Kratzbaum hinauf und hinunter verfolgen.

Wenn Ihre Katze den Kratzbaum zwar nutzt, aber trotzdem nicht aufhört, Ihr Sofa zu bearbeiten, bedecken Sie die Stellen, an denen Ihre Katze sich am meisten auslässt, mit der schon erwähnten Alufolie oder doppelseitigem Klebeband und stellen Sie außerdem einen Kratzpfosten davor – die gibt es auch in beweglicher 1-m-Höhe. Sobald Ihre Katze einen der Kratzbäume benutzt, loben Sie sie überschwänglich.

Wenn Sie Ihre Katze dabei sehen oder hören, wie Sie sich die Krallen an Ihrem Sofa wetzt, bespritzen Sie sie mit Wasser aus einer Sprühflasche, ohne dass sie Sie dabei sieht. Der Plan ist, dass Ihre Katze das Gefühl hat, das Möbelstück ist irgendwie für das unangenehme Nass verantwortlich. Na gut, Ihre Wohnung wird eine Zeit lang ziemlich scheußlich aussehen – überall Silberpapier und unattraktive Kratzbäume, die im Weg herumstehen, aber Sie müssen mit diesen ungewöhnlichen Deko-Accessoires ja nur leben, bis Ihre Katze eine neue Kratz-Routine gefunden hat. Und wer weiß – vielleicht wird's ja ein Trend.

## Aggression

Wenn Ihre Katze Sie kratzt, haben Sie ein Problem, das auch noch wehtut. Gehen Sie in sich und überlegen Sie gut, was die Wurzel des Übels sein könnte:

**Angst oder Schmerzen:** Wenn Ihre Katze nach Ihnen haut, weil sie Angst oder Schmerzen hat, lassen Sie sie am besten erst einmal in Ruhe. Eine Katze, die Angst hat, legt die Ohren flach an den Kopf an, der Körper liegt in defensiver Haltung eng gegen den Boden gedrückt, die Krallen halb ausgefahren. Bevor Sie diese Katze anfassen, muss sie sich erst einmal beruhigen. Manchmal sind Katzen mit großer Angst geradezu selig, wenn man ihnen die Transportbox hinstellt, in der sie sich nämlich verstecken können. *Lassen Sie sich nicht auf einen Streit mit Ihrer Katze ein.* Sie werden diesen Streit verlieren.

**Überstimulierung:** Ihre Katze krallt sich plötzlich in Ihre Hand und beißt Sie, während Sie sie gerade liebevoll gestreichelt haben: Rühren Sie sich nicht. Ziehen Sie die Hand nicht weg, sonst werden Sie vielleicht richtig gebissen oder Ihre Katze krallt sich noch fester in Ihre Hand. Sie haben sie wahrscheinlich »zu doll« gestreichelt. Entweder raucht bereits das Fell Ihrer Katze, oder Sie haben ihren Bauch gekrault, und plötzlich konnte sie das nicht mehr aushalten, oder Sie haben die Warnsignale übersehen, dass sie jetzt genug hatte. Wenn Ihre Katze genauso still hält wie Sie und Ihre Hand nicht loslässt, schlagen Sie mit der anderen, flachen Hand auf die Tischplatte. So ein kleiner Schreck wird Ihre Katze wahrscheinlich dazu bewegen, Ihre Hand loszulassen. Passen Sie nächstes Mal besser auf, wenn Ihre Katze Ihnen mitteilt, dass es jetzt reicht, ja?

**Aggressives Spiel:** Es tut zwar trotzdem weh, aber die Katze, die sich auf Ihre Füße stürzt und die Wände rauf und runter läuft, will Ihnen gar nicht wehtun – sie hat nur zu viel Energie. Spielen Sie mit der Angel oder mit kleinen Bällen mit ihr, damit sie sich austoben kann. Zeigen Sie ihr, dass Sie es nicht mögen, wenn sie Ihre Füße oder Waden attackiert, indem Sie sie mit der Sprühflasche oder Wasserpistole bespritzen. Mittlerweile sollten Sie eigentlich schon eine ganze Sammlung dieser Sprüher in der Wohnung verteilt haben.

**Übersprungs-Aggression:** Ihre Katze sieht durchs Fenster einen fremden Hund oder eine fremde Katze und wird sauer. Sie spazieren zufällig vorbei, und zack! haben Sie sich eine Backpfeife eingefangen. Nanu? Sie trifft keine Schuld, Sie sind Opfer einer Übersprungshandlung. In Wirklichkeit wollte Ihre Katze dem Vieh da draußen eine scheuern, aber leider waren nur Sie in der Nähe: Pech. Nehmen Sie's nicht persönlich.

## Problemzone Katzenklo

Das häufigste Problem, das Katzenbesitzer mit ihrem lieben Hausgenossen haben, ist, dass die Katze ihr Katzenklo nicht benutzt. Es gibt verschiedene Gründe, weshalb das passieren kann.

Bevor Sie irgendetwas anderes unternehmen, müssen Sie ausschließen, dass es medizinische Gründe hat. Falls Ihre Katze nicht gesund ist, können Sie so viele Erziehungsmaßnahmen ausprobieren, wie Sie wollen, es wird nichts nützen.

**Harnröhren- oder Blaseninfektionen** sind eine häufige Ursache, warum Katzen aufhören, ihr Katzenklo zu benutzen – es brennt nämlich, und viele Katzen verbinden den Schmerz dann mit dem Katzenklo.

**Bestimmte Medikamente oder Diabetes** können dafür sorgen, dass Ihre Katze vermehrt trinkt und deshalb viel öfter pieseln muss – vielleicht schafft sie es manchmal einfach nicht bis zum Klo.

**Alter:** Vielleicht ist Ihre Katze alt und wird ein bisschen senil. Manchmal passen alte Katzen nicht mehr so richtig auf, wo sie eigentlich hinmachen. Oder Ihre Katze hat Arthritis und hat Schwierigkeiten, in das Katzenklo zu klettern oder die Treppe hinauf dorthin, wo es steht.

**Würmer:** Wenn sie Würmer hat, kann es für Ihre Katze schwierig sein, ihren Kot lange genug zu halten.

Wenn alle diese Ursachen ausgeschlossen werden können, müssen Sie weiter nach Gründen suchen.

Es mag an dem Klo selbst liegen: Viele Katzen benutzen ihr Katzenklo nicht, weil es ihnen nicht sauber genug ist. Katzen haben einen extrem empfindlichen Geruchssinn, und es reicht ihnen nicht, wenn das Katzenklo nur einmal in der Woche gesäubert wird. Probieren Sie aus, ob es einen Unterschied macht, wenn Sie das Klo täglich säubern. Spülen Sie das Katzenklo mit Spülmittel und anschließend mit Zitronensaft aus, wechseln Sie zur Klumpstreu, die sich leichter entfernen lässt, nehmen Sie den Unrat morgens und abends heraus.

Das Gleiche gilt für Katzen, die *neben* oder *vor* ihr Klo machen: Katzen können ziemlich gut treffen, das passiert also nicht aus Versehen. Ihre Katze teilt Ihnen mit, dass sie das Klo ja gerne benutzen würde, aber sich nicht die Pfoten schmutzig machen möchte. Kann man ja verstehen. Würden Sie barfuß in eine Tankstellentoilette gehen?

Vielleicht steht die Katzentoilette an einer ungünstigen Stelle, an der zu viel los ist. Stellen Sie eine zweite in privaterer Umgebung auf und hoffen Sie. Mit der Ausweichmöglichkeit auf ein zweites Klo hat Ihre Katze vielleicht auch größere Chancen, dass zumindest eines davon sauber genug für ihre Bedürfnisse ist.

Probieren Sie eine andere Art des Katzenklos aus: Vielleicht hätte Ihre Katze lieber eine mit Deckel, oder eben eine ohne Deckel, oder die Streu ist zu stark desodoriert oder zu grobkörnig für ihre zarten Zehen?

Es könnte sein, dass Ihre Katze dem Frieden noch nicht traut: Wenn sie das Katzenklo bisher zu unappetitlich fand, wieso sollte sich gerade jetzt etwas geändert haben? Wenn sie weiterhin auf die gleiche Stelle geht wie vorher (*außerhalb* des Klos – eine Stelle, die Sie natürlich mehrfach mit verdünntem Essig behandelt haben in der Zwischenzeit), stellen Sie eine niedrige, offene Katzentoilette genau auf diesen Fleck. Da kann Ihre Katze unverbindlich prüfen, ob ihre Sauberkeitserwartungen von Ihnen erfüllt wurden. Sobald Sie sehen, dass Ihre Katze ihr Klo benutzt, loben Sie sie begeistert, als hätte sie gerade eine friedenspreisverdächtige Handlung begangen.

*Auf keinen Fall* dürfen Sie Ihre Katze packen und in ihr Katzenklo stopfen, wenn Sie sie bei einem »Unfall« erwischen. Dadurch lernt Ihre Katze nur, dass Sie unzurechnungsfähig sind und das Katzenklo eine Folterkammer ist. Katzen kann man zu nichts zwingen, und das Schlimmste, was Ihnen passieren kann, ist, dass Ihre Katze Sie oder das Katzenklo mit schlechten Erfahrungen verbindet und es daraufhin zukünftig meidet.

Wenn gar nichts anderes hilft, müssen Sie Ihre Katze für ein paar Tage in einem Extrazimmer unterbringen – mit nichts als dem Katzenklo, einem kleinen Kratzbaum, einem Bett und ein paar Spielsachen. Auf diese Weise bringen Sie die Routine, die Ihre Katze entwickelt hat, durcheinander, in der sie zu irgendeinem Zeitpunkt losmarschiert und sich an einer falschen Stelle löst. Wenn sie nicht an die Stelle kann, die sie neuerdings selbstständig zu ihrem Klo gemacht hat, muss sie sich etwas anderes ausdenken und notgedrungen das frische, saubere Katzenklo in Betracht ziehen.

# Markieren

Wenn Ihre Katze plötzlich anfängt, gegen Ecken, Vorhänge und auf Kopfkissen zu pieseln oder Ähnliches zu hinterlassen, markiert sie damit ihr Territorium. Markieren ist natürliches soziales, sexuelles und territoriales Verhalten – so ähnlich wie bei halbwüchsigen Graffiti-Sprayern, die auch überall mit ihren blödsinnigen Symbolen der Welt mitteilen müssen, dass sie an dieser Wand vorbeigekommen sind –, aber das macht die Sache für Sie auch nicht besser.

Normalerweise markieren unkastrierte Katzen und Kater, und die sowieso notwendige kleine Operation wird dieses Problem beheben.

Wenn allerdings kastrierte Tiere beginnen zu markieren, heißt das, dass sie verunsichert sind, sich bedroht fühlen oder irgendwie anders Stress empfinden: Ausgeglichene, entspannte, zufriedene Katzen tun so etwas nicht. Vielleicht haben Sie zu viele Katzen im Haus, oder einen neuen Hund, oder ein neues Baby, oder einen neuen Freund, oder Ihr Mann ist auf Reisen, und Ihre Katze versucht Ihnen mitzuteilen, dass sie mit den Veränderungen nicht einverstanden ist.

*Schreien Sie Ihre Katze nicht an, und bestrafen Sie sie auch nicht.* Markieren ist Ausdruck von Stress, und jede Strafe wird diesen Stress nur noch verstärken. Versuchen Sie, sich besonders um Ihre Katze zu kümmern. Sprechen Sie mit ihr, streicheln Sie sie vermehrt, spielen Sie mit ihr. Wenn es irgendetwas Bestimmtes gibt, was Ihre Katze liebt – tun sie es! Zwingen Sie Ihren neuen Freund, Ihrer Katze zu beweisen, was für ein herrlicher Mensch er ist, indem er mit Ihrer Katze mit der Angel spielt, kraulen Sie sie, während Sie Ihr Baby füttern, binden Sie sie ins Wickeln mit ein, damit sie sich ernst genommen fühlt. Rufen Sie sie, holen Sie sie zu sich, wenn Sie am Computer an einem wichtigen Projekt arbeiten, gehen Sie Ihrer Katze ruhig mit Ihrer Liebesbedürftigkeit auf die Nerven – das ist besser, als wenn sie sich ungeliebt und nicht ernst genommen fühlt. Zu viel Liebe ist auf jeden Fall immer besser als zu wenig. Oder etwa nicht?

## Wie man mit Nachtgespenstern umgeht

Die meisten Katzen sind keineswegs hyperaktiv, sondern haben einfach zu viel Energie, die sie irgendwie loswerden müssen. Außerdem sind sie eigentlich Nachtjäger: Es ist normal für Katzen, die ungenutzten Stunden der Nacht für lustige Spiele zu verwenden. Wenn sie die Wahl hätte, würde Mieze den ganzen Tag schlafen und gegen acht oder neun Uhr abends aufstehen, sich die Krallen schärfen, aufs Klo gehen und dann bis zum frühen Morgen ihren Katzenterminen nachgehen. Wenn Ihnen das nicht zusagt, müssen Sie Ihre Katze von Nacht- zu Tagschicht umerziehen.

Fangen Sie damit an, dass Sie das Problem nicht verschlimmern, indem Sie Ihrer Katze Ihr Schlafzimmer und Bett als Spielplatz überlas-

sen. Manche Leute stehen nachts auf und füttern ihre Katze, wenn sie laut miaut, und wundern sich dann, warum ihre Katze sie andauernd mitten in der Nacht weckt: Tatsächlich haben sie es ihr doch selber beigebracht, indem sie ihre Katze auch noch mit Futter belohnt haben. Natürlich sollen Sie sich um die Bedürfnisse Ihrer wundervollen Katze kümmern, aber wenn sie hungrig ist, füttern Sie sie am frühen Abend.

Wenn Sie vor Ihrer Schlafzimmertür sitzt und herumheult, stehen Sie nicht auf und lassen Sie sie nicht herein: Ignorieren Sie sie. Stopfen Sie sich Ohropax in die Ohren und ändern Sie morgen Abend das Programm: Anstatt zusammen mit Ihrer Katze schlapp vor dem Fernseher zu sitzen, holen Sie Bälle, Angel und Federn hervor und spielen Sie mit ihr. Binden Sie eine Feder an einen Bindfaden und rennen Sie durchs Haus mit der Feder hinter sich. Stellen Sie einen leeren Karton auf, verteilen Sie etwas Katzenminze darin und machen Sie ihn halb zu, sodass Ihre Katze ein bisschen klettern muss, um hineinzukommen – die meisten Katzen finden das ziemlich spannend. Machen Sie Ihre Katze müde, dann wird sie nachts wahrscheinlich auch schlafen.

Je öfter Sie diese neue Routine wiederholen, desto schneller wird Ihre Katze sich umstellen. Legen Sie Spiel- und Futterzeiten so, dass es für Sie Sinn macht, und stellen Sie auf diese Weise die innere Uhr Ihrer

Katze um. Wann immer Sie sie tagsüber schlafen sehen, wecken Sie sie auf, um mit ihr zu spielen. In kürzester Zeit wird Ihre Katze nachts tief schlafen, weil sie tagsüber kaum noch dazu kommt.

Wenn Sie vor Ihrer Schlafzimmertür sitzt und herumjammert oder Ihnen mitten in der Nacht auf den Bauch hopst, müssen Sie ihr klipp und klar deutlich machen, dass derlei Störungen nicht erwünscht sind. Spritzen Sie sie mit der Wasserpistole oder der Sprühflasche nass, die Sie neben Ihrem Bett stehen haben. Nach ein paar Malen wird Ihre Katze begreifen, dass diese nächtlichen Störungen eine blöde Idee sind.

Falls Sie aber glauben, Sie können Ihre Katze umerziehen, ohne sie tagsüber genügend zu unterhalten und müde zu machen, vergessen Sie es: Auf andere Weise können Sie Ihre Katze nicht austricksen. Leider. Bei Erziehung gibt es keine halbe Sachen.

## Wildes Tier statt Miezekatze?

Wenn Katzen jagen, liegen sie manchmal Ewigkeiten herum, festgefroren in geduckter Haltung, und starren ihre Beute an, bis die sich in einen bestimmten Winkel bewegt – und dann springen sie plötzlich los und stürzen sich auf ihr Opfer. – Nur blöd, wenn das Opfer Ihre Fußgelenke sind.

Die meisten Katzen kratzen und beißen nicht aus Bosheit, sondern weil sie das lustig finden. Katzen sind immer noch im Grunde ihres Herzens Jäger und wilde Tiere, und alle Attacken sind Reste des Jagdverhaltens, auch wenn Ihre Katze nicht mehr aus dem Haus muss, um sich ihr Abendessen selber zu besorgen. Die Energie dafür haben Katzen aber allemal: Sich auf alles zu stürzen, was sich bewegt, sind sozusagen Übungen fürs Jagdverhalten und normal. Hinnehmen müssen Sie es trotzdem nicht.

Wenn Sie mit Ihrer Katze spielen und diese sich plötzlich in Ihre Hand krallt, tun Sie das, was Ihre Katze auch machen würde: Quietschen Sie »Au!«, zischen Sie sie an und gehen Sie beleidigt weg. Damit sagen Sie ihr, dass Sie nicht mit ihr spielen, wenn sie nicht sanfter mit Ihnen umgeht. Werden Sie nicht laut, schreien Sie sie nicht an – damit eskaliert die Situation nur. Ignorieren Sie Ihre Katze für mindestens drei Minuten, nehmen Sie nicht einmal Augenkontakt zu ihr auf.

Wenn Sie eine Katze haben, die aus Angst kratzt und beißt, müssen Sie ihr beibringen, dass Sie keine Gefahr sind. Manche Katzen mögen es nicht, wenn sie auf den Arm genommen werden, wenn man ihre Pfoten ansieht oder in ihre Ohren guckt. Sie müssen Ihre Katze also daran gewöhnen, dass das alles ganz normal ist. Aber beginnen Sie das Desensibilisierungsprogramm ganz langsam.

Wenn Ihre Katze zu Ihnen kommt, weil ihr langweilig ist, nehmen Sie sie kurz in den Arm, kraulen Sie ihr den Kopf, lassen Sie sie dann gleich wieder herunter und fangen Sie an zu spielen. Wenn Sie mit ihr schmusen, nutzen Sie die Gelegenheit, sanft ihre Ohren zu kneten, damit sie sich daran gewöhnt, dass das ganz normal ist. Wenn Ihre Katze zum Fernsehen auf Ihren Schoß springt, kraulen Sie sie und berühren Sie dabei beiläufig und ganz freundlich ihre Pfoten, nächstes Mal ein bisschen länger usw. Ihre Katze wird der Meinung sein, dass Sie ein bisschen merkwürdig sind, weil Sie plötzlich so komische Obsessionen mit ihren Ohren und ihren Pfoten entwickeln, aber aus Höflichkeit wird sie es akzeptieren.

## Pflanzenfresser

Was Katzen betrifft, können Sie gar nicht genug Pflanzen im Haus haben. Topfpflanzen wurden sozusagen für Katzen erfunden, jedenfalls denkt das Ihre Katze. Man kann sehr gut an den Blättern kauen, die Erde im Topf ist schön weich und feucht an den Pfoten und lässt sich wunderbar umgraben, und bei größeren Pflanzen eignet sich der Topf auch fabelhaft als Alternative zum Katzenklo. Nur schade, dass Menschen das meistens irgendwie anders sehen.

Der Schlüssel zu diesem Problem liegt darin, Ihrer Katze einen eigenen Topfpflanzengarten anzulegen und in der gleichen Zeit ihre Hauspflanzen so unattraktiv wie möglich für Ihre Katze zu gestalten. Bauen Sie für Ihre Katze Gras, Katzenminze und Alfalfa in Töpfen an. Manche Katzen lieben auch Petersilie, Roggen, Weizen oder Thymian. Ihre »eigenen« Töpfe dagegen stellen Sie auf Alufolie und bedecken die Erde mit Kieselsteinen, sodass Ihre Katze keinen Zugang mehr zur Erde hat. Das sollte helfen.

## Kannst du mal endlich still sein?

Manche Katzen sind gesprächiger als andere. Bei manchen Rassen gehört das einfach dazu: Wenn Sie einen Siamesen oder einen Abessinier haben, können Sie wenig machen, sondern müssen damit leben, dass Ihnen dauernd die Ohren abgequatscht werden.

Aber manchmal haben wir unseren Katzen versehentlich beigebracht, uns ständig anzumaunzen: Beispielsweise, wenn Sie jedes Mal hochspringen, wenn Ihre Katze irgendetwas fordert, und liefern, was sie will. Wenn Sie sie anschnauzen, wenn sie herummaunzt, und dann irgendwann doch nachgeben, damit sie endlich still ist, bringen Sie Ihrer Katze damit bei, dass sie nur *noch* lauter und mauliger sein muss, um sich durchzusetzen.

Wenn sie Sie anjault, bespritzen Sie sie mit der Wasserpistole und machen Sie Ihren Kram weiter, ohne sich um Ihre Katze zu kümmern. Sie wird bald merken, dass ihr Theater ihr gar nichts nützt. Es wird vorbeigehen, versprochen. Wenn Sie allerdings auch nur *einmal* nachgeben, haben Sie verloren und können wieder von vorne anfangen. Zusammenleben hat sehr viel mit Disziplin zu tun, wussten Sie das nicht?

# Stadtleben

Das Leben einer Stadtkatze wird in vielen Dingen kaum anders aussehen als das ihrer Artgenossen auf dem Lande. Aber in einigen Punkten gibt es ganz erhebliche Unterschiede beziehungsweise Notwendigkeiten, die Sie beachten sollten.

## Wie man einen Balkon katzensicher macht

Katzen lieben es, auf dem Balkon in der Sonne zu sitzen und die Geschehnisse unter sich oder im gegenüberliegenden Baum zu beobachten. Dummerweise sind Balkonkatzen gefährdet: Jaja, Katzen können Höhen abschätzen, und: jaja, Katzen haben ein sensationelles Balancegefühl, und: jaja, Katzen fallen immer auf die Füße – übrigens gar nicht wahr. Und trotzdem müssen Tierärzte immer wieder Katzen mit gebrochenen oder zerschmetterten Gliedmaßen behandeln, die den Sprung ins Jenseits gewagt haben, indem sie einer Taube nachgesprungen sind, oder die auf dem Balkongeländer balanciert sind, oder die den Abstand zum gegenüberliegenden Baum unterschätzt haben. Katzen sehen die Welt anders als wir. Ihre Sicht der Dinge, ihre Sicht von Raum und Tiefe ist anders als unsere. Katzen fallen auch häufig aus gekippten Fenstern.

Um Ihrer Katze den kleinen Platz auf dem sonnigen Balkon nicht zu verwehren, gibt es im Fachhandel grobmaschige, weiche Netze, die sich leicht über den Balkon spannen lassen, aus hellem Material, sodass der Mensch nicht das Gefühl hat, in einem Zwinger leben zu müssen, andererseits die Ruhe hat, dass Mieze nicht über Bord gehen kann. Beginnen

Sie dann mit der Grünbepflanzung, um aus dem Käfig ein Paradies zu machen: Stellen Sie Blumentöpfe mit Katzenminze und Katzengras auf, lassen Sie Clematis, Knöterich und Geißblatt an dem Netz hochwachsen, machen Sie aus Ihrem benetzten Balkon eine lauschige Laube. Das Gute ist: Auch Tauben und Krähen werden durch die Netze abgehalten.

Wenn Sie glückliche Person gar eine Terrasse haben, könnten Sie Ihrer Katze einen kleinen Balkon-Teich bauen: Die meisten Katzen finden Wasser unwiderstehlich: Dauernd trinken irgendwelche Insekten daraus, spiegeln sich bewegte Bilder im Wasser, plätschert es spannend.

# Freilauf in der Stadt?

Das Thema, ob man Katzen in der Stadt hinauslassen soll oder nicht, führt immer wieder zu hitzigen Diskussionen. Manche Leute glauben, dass Katzen als halbwilde Jägernaturen einfach nicht glücklich werden können, wenn sie als reine Wohnungskatzen gehalten werden, andererseits lassen sich immer mehr Züchter und Tierheime von den neuen Besitzern sogar schriftlich geben, dass ihre Katze ausschließlich im Haus gehalten wird.

Hier ist meine Meinung: »Just say no.« Katzen, die in der Stadt gehalten werden, leben sehr gefährlich. Wohnungskatzen können mit der richtigen Ernährung und Pflege fünfzehn, zwanzig Jahre oder älter werden, während die meisten Katzen mit Freigang wirklich großes Glück haben, wenn sie nur einen Bruchteil dieses Alters erreichen (auch wenn es natürlich immer wieder Ausnahmen gibt). Sehen Sie nicht auch

überall die Zettel an Laternenpfählen und Bäumen mit Fotos von traurig vermissten Katzen?

Auch wenn es für Katzen natürlich lustig und aufregend ist, eigene Gebiete und Jagdgründe erschließen zu dürfen: Es gibt genügend Gründe, die es als sehr gute Idee erscheinen lassen, die Katze ausschließlich als Wohnungskatze zu halten. Es kann so unendlich viel passieren da draußen, es gibt so viele Gefahren, angefangen bei Autos – nicht nur, dass Katzen in Autos hineinlaufen können, viele Katzen sitzen gerne unter den warmen Motoren und können ernstlich verletzt oder getötet werden, wenn das Auto angelassen wird –, über fremde Hunde, die begeistert Katzen jagen – manchmal werden sie von ihren idiotischen Besitzern auch noch dazu aufgefordert –, über Ratten- oder Pflanzengifte, die freilaufende Katzen erwischen könnten, bis hin zu tödlichen Immunkrankheiten, an denen sich Ihre Katze bei anderen anstecken könnte.

Und wenn wir gerade beim Thema sind: Freilaufende Katzen verbringen einen Großteil ihrer Zeit damit, ihr Territorium zu verteidigen, und Sie werden daraufhin eine Menge Zeit damit verbringen, Ihre Katze zum Tierarzt zu fahren und Bisswunden und Abszesse behandeln zu lassen.

Andererseits – wenn Katzen in der Wohnung aufgezogen werden, können sie sehr fröhlich als ausschließliche Wohnungskatzen leben. Mit Geduld kann man sogar erwachsene ehemalige Freigang-Katzen konvertieren: Meine Katzen mussten sich nach achtjährigem Freilauf an eine Wohnung im vierten Stock gewöhnen und machen keineswegs einen unglücklichen, unausgeglichenen Eindruck. Spielsachen, Kratzbäume, ein kleiner Katzen-Küchengarten, ein gesicherter Balkon oder eine Dachterrasse und vielleicht eine zweite Katze zur Unterhaltung machen das Leben einer Wohnungskatze sehr wohl vergnüglich und lebenswert.

## Zwei Katzen – doppeltes Vergnügen?

Mehr Katzen sind fast immer besser als eine Katze. Einer der größten Gefallen, den man einer Stadt- und Wohnungskatze tun kann, ist, ihr einen Kumpel zu schenken. Auch wenn Katzen nicht besonders gut teilen können und die Eingewöhnungszeit sich manchmal mühsam gestaltet, ist eine zweite Katze fast immer von Vorteil: Zwei Katzen kann man besser allein lassen, weil sie sie sich miteinander amüsieren können. Zu zweit finden Katzen auch längere Abwesenheiten ihrer Besitzer meistens weniger schlimm, weil sie ja immer noch einander haben. Zwei Katzen können einander putzen, zusammen auf einem Haufen schlafen, können sich sogar streiten – alles ist besser, als immer gelangweilt auf Sie warten zu müssen. Andererseits können Sie nicht sicher sein, dass Ihre Katze sich wirklich Ihren Erwartungen entsprechend mordsmäßig über Katzenzuwachs freut. Das Wichtigste ist also: *Sie* wollen eine weitere Katze.

Ihre Liebe mag ja keine Grenzen kennen, aber dasselbe lässt sich leider nicht immer von Geld und Zeit sagen. Niemand hat davon einen endlosen Vorrat. Haben Sie die Zeit, das Katzenklo noch öfter sauber zu machen und eine Katze mehr zu bürsten, mit einer Katze mehr zum Tierarzt zu fahren? Zeit ist ja Geld, heutzutage, also unterschätzen Sie nicht, dass eine zweite Katze mehr Zeit braucht als Ihre eine bisherige. Und natürlich kostet eine zweite Katze das Doppelte an Impfkosten, Futterkosten, Wurmkuren und anderen Tierarztkosten, falls irgendetwas nicht in Ordnung ist. Schaffen Sie sich also nicht mehr Katzen an, als Sie versorgen können.

Davon abgesehen gibt es überhaupt keinen Grund, mehr als eine Katze zu haben. Hunde haben Rudelverhalten sozusagen eingebaut, was an ihrem Jagdverhalten liegt, das seit Wolfszeiten genetisch angelegt ist. Diese Tendenzen gibt es bei Katzen dagegen nicht. Katzen jagen nicht im Rudel: Mit der Ausnahme von Löwen sind Katzen einsame Jäger. Wenn sie gerade nicht jagen, verteidigen sie ihre Jagdgründe – ihr Revier – gegen andere Katzen.

Domestizierte Katzen können allerdings durchaus tiefe Freundschaften mit anderen Tieren oder Katzen schließen, wie viele Katzenfreunde bestätigen. Auch wenn immer wieder mal territoriale Auseinandersetzungen vorkommen werden. Ihre Katzen sind permanent damit beschäftigt, ihr Umfeld abzustecken und neu zu verhandeln. Wenn genug Platz da ist, bekommen Sie nichts davon mit. Wenn es zu eng ist, bemerken Sie die Zeichen deutlich: Kämpfe, Markieren und das Nichtbenutzen des Katzenklos.

Beweisen Sie viel Geduld, wenn Sie die neue Katze zu Hause einführen, und sorgen Sie dafür, dass Ihre Katzen nicht um Futter, Platz oder Katzenklo kämpfen müssen (wie man eine neue Katze erfolgreich zu Hause einführt, siehe »Eine andere Katze im Haus«, S. 44).

Gehen Sie nicht davon aus, dass Ihre Katzen sich problemlos ein Katzenklo teilen: Kot und Urin sind auch dazu da, das Territorium abzustecken. Die eine Katze wird also unter Umständen kein Klo betreten wollen, das eine andere benutzt hat. Am besten ist ein Katzenklo pro Katze an verschiedenen Plätzen in der Wohnung.

Beim Füttern sind Katzen meistens ziemlich locker, was das Teilen von Futter und Futternapf betrifft. Manche Tiere sind dennoch Bullies – um also Konflikte von vorneherein zu vermeiden, füttern sie jede Katze mit ihrem eigenen Napf an einem eigenen Platz.

## Wie man passende Katzen aussucht

Zwei Katzenkinder: Sich zwei Katzenkinder gleichzeitig auszusuchen, ist die leichteste Methode. Solange sie jung sind, sind sie viel mehr am Spielen interessiert als daran, ihr Territorium abzustecken, und werden als beste Freunde miteinander aufwachsen.
Ein erwachsenes Katzenpaar: Wenn Sie sonst noch keine Katzen haben, ist es nicht weiter schwierig, zwei erwachsene Katzen gleichzeitig zu adoptieren: Sie werden wahrscheinlich nicht auf Anhieb voneinander hingerissen sein, aber nachdem beide neu in diesem Umfeld sind, werden sie sich bald aneinander gewöhnen.
Alte Katze, neues Katzenkind: Falls Ihre Katze nicht schon zu alt und schlecht gelaunt ist, um mit der Lebenslust eines ungestümen Katzenkindes umzugehen, sollte es kein Problem sein, einer erwachsenen Katze eine jugendliche Freundin unterzujubeln. Die meisten Katzen sind ziemlich tolerant gegenüber Katzenkindern – sie mögen sie blöd finden, werden aber wahrscheinlich eher die Bühne verlassen, anstatt sich mit dem Baby anzulegen.
Alte Katze, erwachsene Katze: Diese Kombination braucht meistens etwas Zeit, funktioniert aber nach einer vielleicht etwas schwierigen Anfangsphase gewöhnlich (siehe Kapitel »Eine andere Katze im Haus«, S. 44).

## Tricks für müde Städter mit aufgeweckten Katzen

Es gibt immer diese Zeiten, in denen man plötzlich für gar nichts mehr Zeit hat. Und wenn man kaum noch Zeit hat, sich daran zu erinnern, was man eigentlich zum Frühstück gegessen hat, hat man erst recht keinen Nerv, stundenlang mit seiner Katze zu spielen. Andererseits können Sie von Ihrer Katze nicht erwarten, dass sie den ganzen Tag alleine zu Hause herumsitzt und sich dann artig und still auf Ihren Schoß legt, um Sie beim Fernsehen zu wärmen. Für diese Zeiten, in denen Sie keine Zeit haben, müssen Sie gewappnet sein.

- Präsentieren Sie Ihrer Katze neue Spielsachen. Die Haustierindustrie ist nicht zu bremsen, was Neuerfindungen in diesem Bereich betrifft. Spielsachen sind *gut* für Katzen: Sie befriedigen das Grundbedürfnis der Katze zu jagen und sind Beute-Ersatz. Völlig egal, dass die Beute ein kleiner Ball mit einem Glöckchen darin ist oder ein Stück Kaninchenfell in Form einer Maus!

- Legen Sie eine große Papiertüte oder stellen Sie einen Karton auf den Boden und legen Sie einen kleinen Ball hinein.
- Stopfen Sie eine neue Fellmaus in eine leere Klopapierrolle und rollen Sie sie vor Ihre Katze.

- Blasen Sie Seifenblasen und sehen Sie zu, wie Ihre Katze sie fängt.
- Füllen Sie einen kleinen Ball mit Löchern mit einem Teefilter voller Katzenminze darin.

## Spurlos verschwunden?

Jährlich verschwinden zahllose Katzen spurlos, und es zählt auch niemand die Tränen, Kilometer und schlaflosen Nächte, die die Suche nach ihnen kostet. Um diese grundsätzlich zu mindern, sorgen Sie dafür, dass Ihre Katze tätowiert oder mit Chip versehen ist (mehr dazu siehe Seite 116, Mikrochips), damit sie, wenn sie gefunden wird, schnell identifiziert werden kann.

Manche Katzen suchen das Weite, wenn sich irgendetwas in ihrer gewohnten Umgebung ändert – ein neues Baby, Handwerker, ein neuer Untermieter –, und machen sich kurzerhand auf die Socken, um sich eine bessere Welt zu suchen. Das Schlimmste ist dabei meist die Ungewissheit.

Viele Katzen sind einfach lebenslustige Bummler mit ausgezeichnetem Heimfindevermögen – vorausgesetzt, dass kein Unglück in Form von Autos, großen Hunden oder tiefen Kellern ihren Weg behindert.

Die beste Zeit für Suchaktionen ist zwischen 23 und 4 Uhr: Da sind die Stadtgeräusche am geringsten, da kann man leises, verunsichertes Maunzen am besten hören; außerdem ist die Umgebung relativ ruhig (sofern Sie nicht mitten im Rotlichtbezirk wohnen), sodass die Katze sich eher hervortraut, als wenn sie ständig fremde Schritte, Autos und Geräusche hört. Eine Wohnungskatze, die zufällig ausgekommen ist, wird sich ein Versteck in der näheren Umgebung suchen.

Fotokopieren Sie ein gutes Foto von Ihrer Katze mit Angaben zu ihrer Beschreibung, Ihrer Telefonnummer und einem Hinweis auf Belohnung (das erweicht das Herz von Fremden gewöhnlich noch ein bisschen mehr). Heften Sie diese Zettel an Bäume und Laternenpfähle in Ihrer Umgebung, bei den Tierärzten im Umkreis. Rufen Sie die Tierheime an. Suchen Sie in den Innenhöfen und Garagen der Umgebung, in den Kellern der umliegenden Häuser – die dunkelsten Verstecke sind die beliebtesten. Rufen Sie Ihre Katze beim Namen, schütteln Sie die Trockenfutterschachtel. Seien Sie guter Hoffnung.

## Neues Baby im Haus?

Sobald die Toxoplasmose-Frage geklärt ist (vgl. S. 110), sollte es eigentlich keine Probleme mit einer bereits vorhandenen Katze und einem neuen Baby im Haus geben. Sicherlich nützt es, die Katze auf den großen Moment vorzubereiten, an dem sie das Baby kennen lernt: Meine Großmutter ließ den Hunden und Katzen zu Hause immer schon eine benutzte Windel mitbringen, damit die ahnten, dass da demnächst etwas Interessantes, Neues auf sie zukäme.

Es gibt Katzen, die Babygeschrei nicht leiden können, aber dieses Missfallen äußert sich so, dass die Katze sich genervt zurückzieht (oder, wenn man Pech hat, ihr Ränzel packt und sich ein neues, kinderloses Zuhause sucht, sofern sie dazu Gelegenheit bekommt). Normalerweise sind Katzen aber durch etwas verstärkte Aufmerksamkeit ihnen gegenüber leicht zu trösten. Schließen Sie Ihre Katze nicht aus, wenn Sie sich um das Baby kümmern, beziehen Sie sie mit ein.

Eine Freundin von mir, die bereits vier Katzen hatte, als sie ihr Baby bekam, schwört, dass ihr Sohn deshalb ein so sonniges, ruhiges Baby war, weil er in seinem Bett immer zwischen mindestens drei warmen Katzenkörpern schlief, die sich schnurrend an ihn kuschelten (ziemlich

gemütliche Vorstellung, so einzuschlafen, nicht?). Als der Sohn zu krabbeln anfing, hatten er und die Katzen immer noch das beste Verhältnis, weil er ihnen nicht wehtun konnte, wenn er nach ihnen griff, und die Katzen immer noch davonkamen, wenn sie wollten. Erst als er langsam zum Kleinkind wurde, passte seine Mutter mehr auf, weil Kinder bis drei, dreieinhalb nicht verstehen können, wie stark sie sind – oder dass sie mit einem fliegenden Spieltrecker als Wurfgeschoss einer Katze ziemlichen Schaden zufügen können. Also brachte sie ihrem Sohn früh bei, dass man Katzen nie festhalten soll, wenn sie nicht dableiben wollen.

Wenn man Katzen gehen lässt, kommen sie immer wieder zurück. Wenn man eine fremde Katze (oder einen Hund) anfasst, dann immer nur mit einer Hand, damit sie nicht das Gefühl bekommen, man wolle sie festhalten. Wenn man sie nicht festhält, haben Katzen keinen Grund, einen zu kratzen und einem wehzutun, was sie sowieso nur tun, wenn sie ganz ängstlich oder verzweifelt sind.

Regeln fürs ganze Leben, eigentlich.

## Katzen und kleine Kinder

Nichts ist besser für Kinder, als mit Haustieren aufzuwachsen: Da ist immer jemand, der warm und weich und aufmerksam ist, der nichts fordert, aber gemütlich bei einem bleibt, mit dem man spielen kann und der einem gleichzeitig Verantwortungsgefühl beibringt. Die meisten Kinder lassen sich gerne zum Füttern, Bürsten oder Säubern des Katzenklos animieren, selbst wenn natürlich der Erwachsene immer die Oberaufsicht behalten muss.

Sie können von Ihren Kindern nicht verlangen, die Pflege ganz und gar alleine zu übernehmen, solange sie unter elf, zwölf Jahren sind. Auch wenn sich Ihre Kinder sehnlichst eine Katze wünschen und Ihnen den Himmel auf Erden versprechen: Wenn *Sie* keine Katze wollen, ist das Unternehmen zum Scheitern verurteilt. Sie können Ihren Kindern kein verantwortungsvolles, liebevolles Verhalten gegenüber einem Haustier vermitteln, das Ihnen im Grunde auf die Nerven geht.

Kinder, die in einem tierlieben Haushalt aufgewachsen sind, werden später normalerweise selber liebevoll und tierlieb. Sie müssen Ihren Kindern beibringen, was Katzen erschreckt oder ihnen Angst macht, wie man Katzen hält und sie bürstet, dass man nicht mit Platzpatronen in der Nähe der Katze schießt und sie zu nichts zwingt, was sie nicht möchte. Ein Kinderspiel – wirklich.

# Verreisen oder Umzug mit Katze

Katzen sind extrem territoriale Tiere, weshalb eine kleine Ferienreise und erst recht ein Umzug ziemlich traumatisch für sie sein kann. Wenn Ihre Katze die Wahl hätte, würde wahrscheinlich keiner von Ihnen jemals irgendwo hingehen. Nicht ins Büro. Nicht auf einen hübschen kleinen Wochenendtrip mit der zweibeinigen Liebe Ihres Lebens. Schon gar nicht zum Tierarzt. Katzen lieben Routine, lieben ihr persönliches Umfeld, und vor allen Dingen lieben sie Routine in ihrem persönlichen Umfeld. Am liebsten wäre es ihnen, Sie wären rund um die Uhr zu Hause und würden ihnen jeden Wunsch von den Augen ablesen, mit ihnen spielen, wenn sie sich gerade danach fühlen, sie füttern, wenn ihnen danach ist, sie streicheln und ihre Schönheit bewundern, wenn sie sich auf den kleinen warmen Sonnenfleck im Wohnzimmer legen, um ihr viertes, sechstes, ach was, zehntes notwendiges Nickerchen zu machen. Ein gut funktionierendes Zuhause, pünktliche Mahlzeiten, ein warmes Plätzchen zum Schlafen und ein aufmerksamer, liebevoller Mensch – für Katzen bedeuten diese Wenigkeiten den Himmel auf Erden.

Wenn ich es mir recht überlege: Mir könnte so ein Leben auch gefallen. Auch wenn es zugegebenermaßen ein bisschen langweilig wäre auf die Dauer. Ich persönlich bin doch etwas nomadiger veranlagt als meine Katzen. Ich mache auch nicht so ein Theater, wenn ich mal eine kleine Reise mache.

Egal, wohin Sie fahren und warum, Sie sollten dafür sorgen, dass Ihre Katze unter allen Umständen zufrieden ist. Meistens, wenn Sie verreisen, werden Sie Ihre Katze wohl zu Hause lassen, aber wenn Sie sie mitnehmen wollen, müssen Sie sicherstellen, dass die Reise so sicher und wenig erschütternd wie möglich ist. Katzen reisen selten so gerne und problemlos wie etwa Hunde, aber wenn man sie früh genug daran gewöhnt, kann aus so manchem Stubentiger eine echte Reisekatze werden – denken Sie an alle Showkatzen, die ihre Wochenenden auf Katzenshows verbringen, oder an Filmkatzen, die mit ihren Trainern zu Filmsets reisen, ohne mit der Wimper zu zucken.

## Temperament

Ist Ihre Katze ängstlich oder selbstbewusst? Passt sie sich leicht an? Ist sie geräuschempfindlich? Wenn Ihre Katze zwei Tage braucht, um sich nach einer kurzen Autofahrt wieder zu beruhigen, sollten Sie in Zukunft nur wirklich wichtige Reisen mit ihr machen. Wenn Ihre Katze allerdings eher entspannt ist, geben Sie ihr eine Chance. Diese Extrazeit zusammen könnte Ihnen beiden gut tun, egal, wo Sie sind.

## Vorbereitungen

Bevor Sie mit Ihrer Katze überhaupt irgendwo hinfahren, müssen Sie eine kleine Reise zum Tierarzt unternehmen, um festzustellen, ob Ihre Katze gesund genug zum Reisen ist. Falls Sie mit dem Flugzeug ins Ausland fliegen wollen, brauchen Sie ein Gesundheitszeugnis.

Falls Sie glauben, Ihre Katze sollte während der Reise besser sediert werden, besprechen Sie diese Option mit Ihrem Tierarzt. Die meisten Katzen vertragen Sedierungen während Flugreisen übrigens *nicht* gut: Die Kombination von extremem Höhendruck und limitiertem Sauerstoff ist eine Beanspruchung, die der kleine Körper Ihrer Katze besser bewältigen kann, wenn er nicht betäubt ist.

Wenn Sie mit einer Extrem-Perserkatze oder Exotisch-Kurzhaarkatze fliegen wollen, könnte das echte gesundheitliche Probleme bedeuten, weil diese Katzen sich mit dem Atmen häufig schwer tun, was unter großem Stress noch verstärkt werden könnte.

# Reiseutensilien für die Katze

Transportbox: Eine gute Transportbox aus Hartplastik in flugzeugtauglichen Maßen hilft einem in jeder kritischen Katzensituation. Falls Sie mit Ihrer Katze eine lange Autoreise unternehmen wollen, sollte die Box etwas größer sein, damit Sie auch noch ein kleines Reiseklo darin unterbringen können.

Geschirr und Leine: Eine ängstliche, panische Katze ist schwerer zu halten als eine heiße Pfanne. Leinen Sie sie auf Reisen also an und stellen Sie damit sicher, dass sie, wenn Ihre Katze sich aus Ihrem Griff windet, nicht weiter kommt als bis zum Ende der Leine, die Sie um Ihr Handgelenk geschlungen haben.

Katzenklo und -streu: Für die Reise reicht vielleicht ein kleineres Katzenklo ohne Dach, nehmen Sie aber die Streu mit, die Sie üblicherweise verwenden.

Futter, Wasser, Futternäpfe: Packen Sie eine ausreichende Menge Futter ein. Falls Sie Dosenfutter füttern, vergessen Sie Öffner und Löffel nicht.

Medikamente und Bürste: Falls Ihre Katze regelmäßig Arzneien bekommt, müssen Sie diese einpacken, außerdem ihre Bürste oder ihren Kamm.

Küchenrolle und Fleckentferner: Sie werden es brauchen, glauben Sie mir. Vielleicht auch noch ein paar alte Handtücher, die Sie im Zweifelsfall als Schlafplatz (für Ihre Katze) oder zum Einwickeln in Notfällen verwenden können.

Lieblingsspielsachen: Die Spielangel vielleicht, etwas getrocknete Katzenminze, ein paar Fellmäuse – Sie kennen die Vorlieben Ihrer Katze am besten.

Wenn Sie mit Ihrer Katze fliegen wollen, sprechen Sie vorher mit der Fluggesellschaft. In jedem Fall müssen Sie Ihr Tier anmelden. Manche Gesellschaften akzeptieren überhaupt keine Tiere, die meisten haben sehr strenge Vorschriften. Sie brauchen eine wasserfeste Tasche oder Flugbox mit den Maßen 55 × 40 × 20 cm, die unter den Vordersitz passt. Kleben Sie Ihre Adresse und Ihre Handynummer darauf, eventuell auch die Telefonnummern von zu Hause und die Ihres Reise-Zielortes.

Während einer Autofahrt sollte Ihre Katze aus Sicherheitsgründen ebenfalls in einer Transportbox sitzen. Eine freie Katze im Auto kann lebensgefährlich werden, wenn sie sich erschreckt und sich auf Ihrem Kopf festkrallt oder unter Brems- oder Gaspedal gerät.

Wahrscheinlich fühlt sich Ihre Katze sicherer, wenn Sie ihre Transportbox mit einem Handtuch verhängen. Wenn sie ununterbrochen heult, halten Sie eine Wasserpistole bereit, um Ihrem hinreißenden Kätzchen jedes Mal eine Ladung Wasser zu verpassen, wenn sie jammert. Oder besorgen Sie sich Kopfschmerz-Kautabletten – für Sie! –, die werden Sie nämlich nach einer halben Stunde brauchen.

## Ankommen

Wenn Sie an Ihrem Ziel angekommen sind, bringen Sie Ihre Katze erst einmal in ein Zimmer, in dem Sie ihr Katzenklo, Futter und Wasser hinstellen und alle Fenster schließen, bevor Sie sie aus ihrer Box lassen. Falls Ihre Katze nicht außerordentlich selbstbewusst ist, ist es wahrscheinlich eine bessere Idee, sie nicht sofort im ganzen Haus herumlaufen zu lassen – am besten ist es immer, sie erst einmal eine Nacht in der neuen Umgebung schlafen zu lassen. Legen Sie ihr außerdem ein Halsband mit einer Adressenmarke oder -bombe mit Ihrer Telefonnummer um, *falls* Sie Ihnen aus irgendwelchen Gründen auskommt. Man weiß ja nie.

# Katzensitter

Sie werden häufiger *ohne* Katze verreisen müssen, als Ihnen lieb sein mag, aber auf Geschäftsreisen, im Krankenhaus, bei der allergischen Cousine etc. hat Ihre Katze eben nichts verloren. Für die meisten Katzen ist es weniger stressgeladen, wenn sie in ihrer gewohnten Umgebung bleiben dürfen.

Fragen Sie Ihre Freunde und Nachbarn, ob sie in Ihrer Abwesenheit katzensitten würden – Nachbarn sind immer gut, weil sie in den meisten Fällen nur ein paar Treppen hoch- oder hinuntergehen müssen, um zweimal täglich zu füttern und das Katzenklo zu säubern. Wenn Sie länger weg sind, ist es vielleicht besser, verantwortungsvolle Teenager-Töchter Ihrer Freunde zu fragen, ob sie während Ihrer Abwesenheit bei Ihnen einziehen würden, damit etwas Bewegung in der Wohnung ist und die Einsamkeit nicht zu groß wird. Meistens sind die begeistert, wenn sie für ein paar Tage eine »eigene« Wohnung haben (fragen Sie allerdings vielleicht zuerst die Eltern, ob sie damit einverstanden wären) und noch ein Taschengeld dazu. Außerdem gibt es professionelle Katzensitter, die man über Tierärzte oder im Branchenbuch unter »Tierpflege« und »Tierbetreuung« finden kann. Klären Sie die Konditionen rechtzeitig ab.

## Liste für Ihren Katzensitter

- Ihre Handynummer
- Festnetznummer, wo Sie zu erreichen sind
- Telefonnummer einer engen Freundin oder Nachbarin in der Nähe, die auch einen Schlüssel zu Ihrer Wohnung hat
- Telefonnummer Ihres Tierarztes
- Futteranweisungen
- Eventuell Anweisungen für Medikamente
- Wo Ihr Katzensitter Spielsachen, Bürsten, Katzenminze und Transportbox finden kann

## Tierpensionen

Tierhotels oder -pensionen sind eine weitere Option, allerdings nur für wirklich offene, selbstbewusste Katzen, denen der doppelte Stressfaktor – Ihre Abwesenheit *plus* eine räumliche Veränderung – wenig ausmacht. Man findet Katzenhotels über den Tierarzt oder im Branchenbuch unter Tierpensionen, Tierhotels, Tierbetreuung.

Schauen Sie sich die Pension vorher gut an: Ihre Katze sollte möglichst weit entfernt von Hunden untergebracht werden und separat von andern Katzen. (Auch wenn Ihre Katzen zusammen gehalten werden, sollten Katzen, die sich nicht kennen, *niemals* zusammengesteckt werden.) Die Betreiber der Pension sollten offen und interessiert daran sein, den Aufenthalt Ihrer Katze möglichst angenehm zu gestalten. Sie sollten darauf eingestellt sein, Ihrer Katze eventuell ein bestimmtes Futter zu geben, und Ihnen erlauben, Spielsachen und irgendwelche Sachen dazulassen, die nach zu Hause und Ihnen riechen – etwa eine gebrauchte Socke –, damit Ihre Katze sich nicht verloren fühlt. Es sollte sauber und gepflegt aussehen, wenn nicht, gehen Sie woanders hin.

Die Pensionsbetreiber müssen darauf bestehen, dass die Impfungen Ihrer Katze gültig sind. Wenn Sie nicht danach gefragt werden, suchen Sie sich ein anderes Katzenhotel: Wenn es bei Ihrer Katze keine Rolle spielt, ob sie gesund ist, wird bei anderen auch nicht gefragt. Und es lohnt keine Reise, wenn Ihre Katze mit Viren oder Krankheiten aus der Tierpension nach Hause kommt.

## Umzug mit Katze

Soso, Sie müssen also umziehen. Kein Spaß: Es kommt fürchterlicher Stress auf Sie zu, und auch noch gerade dann, wenn Ihre Katze Ihre starken Nerven am meisten braucht.

Ihre Katze findet Ihr momentanes Zuhause wahrscheinlich absolut fabelhaft und sieht überhaupt keine Notwendigkeit für Veränderungen. Aber es hilft ja nun mal nichts: Machen Sie Ihrer Katze die Veränderungen also so leicht wie möglich.

Wenn Sie und Ihre Katze sich schon eine Weile kennen, wird das alles nicht so schlimm: Sie muss sich »nur« an die neue Umgebung gewöhnen, und wenn Sie sich einigermaßen »normal« benehmen und im neuen Zuhause die gleiche Routine fortsetzen, die Sie vorher auch hatten, wird alles bald seinen gewohnten Gang gehen. Der Schlüssel zum erfolgreichen Katzenumzug ist, Ihre Katze vor, während und nach dem Umzug sozusagen in Sicherheit zu wiegen.

Am Tag vor dem Umzug setzen Sie Ihre Katze mitsamt Klo, Wasser, Futter, Kratzbaum und einer Transportbox in einen Raum, den Sie schon ausgeräumt haben, oder das Badezimmer und schließen ab, damit kein Kind oder Möbelpacker versehentlich die Tür öffnet oder gar offen stehen lässt. Bleiben Sie entspannt: Wenn Sie Stress verbreiten, werden alle anderen um Sie herum auch genervt, inklusive Ihrer Katze. Haben Sie kein schlechtes Gewissen, Ihre Katze weggesperrt zu haben: Gratulieren Sie ihr stattdessen dazu, dass sie ihre Ruhe hat, während um Sie herum der Sturm tobt.

Wenn in der neuen Wohnung ein Zimmer eingeräumt ist, das einigermaßen sicher ist, bringen Sie Ihre Katze in das neue Zuhause – in der Transportbox, versteht sich. Wenn Sie alles andere ausgeräumt und die neue Wohnung eingeräumt haben, warten Sie, bis sich der Staub ein wenig gelegt hat, und holen dann Ihre Katze – in der Transportbox natürlich. Stellen Sie ihr Wasser, Futter und Katzenklo hin und lassen Sie sie aus der Box. Sie wird die alten Möbel und deren Geruch erkennen und nicht zu verunsichert sein. Vergessen Sie nicht, Ihre neue Wohnung auf eventuelle Gefahren hin zu untersuchen, bevor Ihre Katze das macht: Sorgen Sie dafür, dass es hier genauso katzensicher ist wie in der alten Wohnung.

# Ernährung

Katzen, die nach draußen dürfen, jagen immer mal die eine oder andere Maus, den einen oder anderen Vogel. Die meisten Katzen allerdings, die Sie und ich so kennen, sind für ihre Ernährung nicht selbst zuständig, mit anderen Worten: Sie sind vollkommen davon abhängig, dass wir das mit der Nährstoffversorgung richtig machen.

Das sieht gar nicht so schwierig aus: Die Tiernahrungsindustrie ist mittlerweile gewaltig. Allein in Deutschland werden jedes Jahr Milliarden Euro für Katzennahrung ausgegeben, von winzigen, goldberande-

ten »Gourmet«-Döschen mit Wild-Paté über Festtagsmenüs in Gemüsesud bis hin zu preiswerten, mannshohen Trockenfuttersäcken mit wenig gehaltvollem Inhalt. Die Tiernahrungssektionen im Supermarkt sind genauso groß wie die, in denen die Süßigkeiten liegen (ich kenne mich da aus), und werden mittlerweile auch meistens von den gleichen Firmen hergestellt. In den haustierspezifischen Supermarktketten wird das Katzenfutter mit Gabelstaplern umgelagert, so viel ist es.

So viele Hersteller. So viele verschiedene Händler. So viele Sorten, die sich großteils gar nicht an den Geschmack Ihrer Katze, sondern an *Sie* richten (Sie sollen den Kram ja kaufen!). So viele verschiedene Möglichkeiten.

Dabei ist es wirklich wichtig, das richtige Futter für Ihre Katze zu finden: Gutes Futter wird Ihre Tierarztrechnung niedriger halten, kann dafür sorgen, dass Ihre Katze weniger Probleme mit Zahnstein bekommt, dass sie lange und zufrieden schnurrend lebt. Sie kennen doch diesen Satz, »Du bist, was du isst«? Das gilt auch für Ihre Haustiere.

Wenn Ihre Katze ihr Futter selber herstellen könnte, würde sich das Rezept wahrscheinlich so anhören:

*Nehmen Sie eine mittelgroße Maus aus dem Gefrierfach und lassen Sie sie auftauen. Geben Sie sie in eine Küchenmaschine und drücken Sie den Schalter für »Zerkleinern«. Bei Katzenkörpertemperatur in einem sauberen Napf servieren.*

Wenn Sie das graust, müssen Sie sich eine andere Futterart überlegen. Katzen müssen völlig anders ernährt werden als Hunde oder Menschen. Wir Menschen machen uns dauernd Sorgen über einen zu hohen Fettgehalt unserer Nahrung – Katzen dagegen brauchen eine ganze Menge Fette, weshalb kommerzielles Katzenfutter gewöhnlich doppelt so fetthaltig ist wie z. B. Hundefutter.

Katzen sind *absolute Fleischfresser.* Ohne Ausnahme. Man kann beim besten Willen aus Katzen keine Vegetarier machen: Katzen haben spezielle Nährstoffbedürfnisse, die – abgesehen von kommerziellem Katzenfutter – nur durch das Fleisch von anderen Tieren befriedigt werden können. Neben Taurin brauchen Katzen über ein Dutzend verschiedener Vitamine und essenzieller Fett- und Aminosäuren, die der Katzenkörper nicht selber herstellen, sondern nur durch das Futter aufnehmen kann – durch fleischliche Nahrung.

Katzen brauchen also Futter mit einem extrem hohen *Protein*anteil, viel höher als Menschen oder Hunde. Katzenkinder brauchen noch mehr, um gesund zu bleiben, während sie so schnell wachsen. Katzen können mit Hundefutter nicht überleben, weil der Proteinanteil von Hundefutter zu niedrig ist und weil Hunde essenzielle Fettsäuren auch aus pflanzlichen Zusätzen gewinnen, was Katzen nicht können. Es ist wichtig, dass die Proteinquellen variieren: Fleisch, Geflügel, Fisch oder Eigelb sind hervorragende Proteinquellen, andere Tierteile wie Schnäbel, Federn oder Knochen, die manchmal im Katzenfutter sind, können nicht so leicht verwertet werden.

*Kohlenhydrate* – also Stärken und Zucker – sind eine gute Energiequelle, aber keine, die Katzen in ihrer Ernährung wirklich benötigen. Von allen Nährstoffzugaben in Katzenfuttersorten sind Kohlenhydrate am weitesten von dem entfernt, was Katzen in einem natürlichen Mausecocktail vorfinden würden. Sie können die Kohlenhydrate im Katzenfutter trotzdem gebrauchen, außerdem sorgen Ballaststoffe (mit denen die Kohlenhydrate häufig eine stoffliche Einheit bilden) für eine gute Verdauung. Der Anteil an Kohlenhydraten sollte allerdings gering sein, und Zucker kommt gar nicht infrage: Davon bekommen Katzen genauso Karies wie Menschen.

Katzen brauchen neben allen möglichen *Vitaminen* auch Niacin, das in nicht-fleischlichen Futterstoffen nur in sehr geringen Mengen vorkommt, und Vitamin A, das sie ebenfalls aus Fleisch gewinnen müssen, weil sie – anders als wir – kein Vitamin A aus Karotin herstellen können.

Es nützt den Augen Ihrer Katze also gar nichts, wenn Sie ihr Karottenstückchen unters Futter mischen.

Neben Vitaminen brauchen Katzen *Mineralstoffe* wie Kalium, Magnesium, Zink, Kalzium, Eisen, Phosphor, Natrium und Chlorid. In den richtigen Mengen sind Mineralstoffe lebenswichtig für die Gesundheit Ihrer Katze – nicht zu wenig, aber auch nicht zu viel. Überfütterung von Vitaminen – gerade den fettlöslichen – und Mineralstoffen kann gefährlich sein, weshalb Sie Ihrer Katze keine Zusatzpulver füttern sollten, ohne dies vorher mit Ihrem Tierarzt besprochen zu haben.

Was Ihre Katze trinkt, ist genauso wichtig. Wasser ist essenziell für fast jede chemische Reaktion im Körper Ihrer Katze, der immerhin auch zu 70 Prozent aus Wasser besteht. Eine Katze kann im Notfall drei Wochen überleben, ohne etwas zu fressen, aber nur ein paar Tage ohne Wasser. Dass Katzen Milch brauchen, ist übrigens ein Mythos: Sie trinken sie zwar meistens gerne, viele erwachsene Katzen bekommen davon allerdings Durchfall.

# Welche Art der Cuisine darf's denn sein?

Es ist auch hier wie immer: Je hochwertiger das Futter, desto teurer ist es. Teureres Futter zahlt sich allerdings aus in schöner Haut, glänzendem Fell und gutem Geruch – übrigens hängt auch der Geruch des Katzenklos von der Hochwertigkeit des Katzenfutters ab. Ich habe es an meinen drei Katern und einem Katzenklo im Arbeitszimmer selbst getestet – ich weiß genau, wovon ich spreche.

Sie können Dosenfutter beziehungsweise Trockenfutter füttern oder frisches Futter selber herstellen. Kommerzielles Futter zu füttern ist dabei am einfachsten, weil es fertig und ausgewogen ist und einfach in den Futternapf gekippt werden muss, ohne weitere Gedanken daran zu verschwenden.

Katzen lieben *Dosenfutter*, das gewöhnlich aus Fleisch und/oder Fisch, Vitaminen, Mineralstoffen, Gelierungsmitteln, Farbstoffen, Konservierungsmitteln, Getreideprodukten und relativ viel Wasser besteht. In manchen Sorten ist außerdem Zucker enthalten, was Sie den Zähnen Ihrer Katze zuliebe vermeiden sollten. Dosenfutter ist gewöhnlich sehr nahrhaft. Der Nachteil ist allerdings, dass Ihre Katze, deren Nase feiner ist als die eines Testers für den Guide Michelin, wenn das Futter länger als eine halbe Stunde im Napf herumstand, der Meinung sein wird, es sei nicht mehr frisch genug für ihren Geschmack. Für gute Katzen-Tischmanieren gibt es dabei etwas später auch eine Lösung.

*Trockenfutter* besteht aus Getreide, Fett, Vitaminen, Fisch, Fleisch, Hefe und Farbstoffen. Es ist im Verhältnis zum Dosenfutter gewöhnlich billiger, und Katzen nehmen es meistens gut an, weil sie gerne auf Bröckchen herumkauen – so, wie sie unter anderen Umständen ja auch kaugummiartig auf Mäusen herumkauen. Es riecht relativ wenig und kann ohne Weiteres tagelang herumstehen, ohne zu verderben. Der Nachteil von Trockenfutter ist, dass manche Sorten einen extrem hohen Salzgehalt haben, wodurch Harnröhren- oder Blasenprobleme bei der Katze hervorgerufen werden können. Wenn Sie Trockenfutter füttern, muss *immer* Wasser in ausreichenden Mengen zur Verfügung stehen.

Es ist übrigens ausgesprochen fragwürdig, ob Trockenfutter tatsächlich die Zähne reinigt: Eigentlich waren die Katzen mit dem schlimmsten Zahnstein, die ich in meinem Leben kennen gelernt habe, immer die, die hauptsächlich mit Trockenfutter ernährt wurden. Es kommt mir auch nicht wirklich logisch vor: Wenn Sie Kekse essen, bleiben da nicht immer Krümel und Reste zwischen den Zähnen? Meinetwegen mag Trockenfutter die Kaumuskulatur stärken, aber bei der Zahnreinigung sollten Sie sich lieber auf Ihren Tierarzt verlassen.

Und dann kann man natürlich *Fleisch* und *Fisch* selbst gekocht, gebraten oder roh füttern. Nicht alle Katzen mögen es. Die, die ihr Leben lang gewürztes, mit Lockstoffen und Zucker angereichertes Dosenfutter bekommen haben, lehnen es meistens sogar angewidert ab. Dabei ist es eigentlich die idealere Ernährung: Man weiß wenigstens genau, *was* die Katze zu fressen bekommt und was die Proteinquelle ist. (Ich erinnere an einen Skandal bei einem großen Futtermittelhersteller, der als Proteinquelle im Trockenfutter Hühnermist verwendete. Sehr proteinhaltig, stimmt schon, aber mir graust es bei der Vorstellung trotzdem.) Außerdem wird die Kaumuskulatur beansprucht – anders als beim Dosenfutter, das einfach nur geschlungen wird. Man kann Rind- oder Lammfleisch füttern, ab und zu Hühnerleber; Schweinefleisch dagegen muss unbedingt gekocht werden. Fisch sollte, sobald er größer ist als ein Hering, möglichst entgrätet werden; Sardinen sind auch äußerst beliebt, und zwar frisch, in Öl aus der Dose und sogar in Tomatensauce eingelegt. Mein Kater Noah liebt Sushi, was schon zu größeren Auseinandersetzungen geführt hat, wenn ich es eine Minute lang unbeobachtet irgendwo stehen ließ. Wenn man Frischfleisch füttert, sollte man vom Tierarzt eine Vitamin- und Mineralpaste oder -tabletten zusätzlich füttern.

Hier eine »Anleitung« für Selbstgemachtes (auch für Katzenkinder, die von der Mutter entwöhnt sind):

| | |
|---|---|
| 60 % Protein: | durchgedrehtes Hühner-, Rind-, Lamm- oder Truthahnfleisch, 1 Eigelb (roh oder gekocht), |
| 20 % Gemüse: | gehackte Zucchini, Mais, Karotten oder Alfalfa-Sprossen, |
| 20 % Getreide: | eingeweichte Weizenkleie, gekochter brauner Reis, Gerste, Hirse, Haferflocken, Amaranth oder Kartoffelbrei. |

Alles zusammen plus einer Vitamin-Mineraltablette in der Küchenmaschine pürieren, für Frischfutter-Neueinsteiger eventuell mit ein paar Tropfen Soja-Sauce oder Hefeflocken darüber servieren – voilà!

Um Katzen, die über Jahre an die Lockstoffe und Zuckerarten in Dosenfutter gewöhnt sind, nicht zu abrupt umzustellen beziehungsweise zu verärgern, sollte man unter das Dosenfutter das pürierte Fleischmenü anfangs darunter mischen und langsam das Mischverhältnis verändern.

## »Katzenbonbons«

Wild lebende Katzen sorgen von ganz alleine für Abwechslung auf ihrem Futterplan – sie stehlen hier und da Vogeleier aus Nestern, fressen Frösche, Salamander und verschiedene Nager, fressen Gras und sprießendes Getreide, manche Katzen fressen sogar Stücke von Fallobst.

Die meisten Katzen mögen gerne Stückchen von mildem Käse, gekochtes Eigelb, kleine Toaststücke mit Butter, ein Stückchen Butter ohne Toast, einzelne Spaghetti mit Tomatensauce, Mandarinen (klingt seltsam, aber alle drei meiner Kater schwören darauf), Porridge oder einzelne Cornflakes.

# Wie viel wird gefüttert?

Die meisten Katzen sind zu dick, und trotzdem haben viele Leute das Gefühl, ihre Katze würde zu wenig fressen. Der Magen einer Katze ist dabei im »Ruhezustand« ungefähr nur so groß wie ein Euro-Stück. Zwei Esslöffel Futter pro Mahlzeit sind genug – vor allem, wenn das Futter hohe Qualität hat. Wenn es ein billiges Futter ist, wird Ihre Katze mehr Futter brauchen, um ihren Bedarf an essenziellen Inhaltsstoffen zu decken, weshalb Katzen, die kein sehr gutes Futter bekommen, meistens dick sind.

Außerdem fressen Katzen nicht jeden Tag gleich viel: Wenn es kalt ist, fressen sie gewöhnlich mehr als bei hohen Temperaturen. Ich persönlich bin ein großer Freund vom Einhalten von Mahlzeiten und halte nichts davon, das Futter den ganzen Tag herumstehen zu lassen – weil ich den Geruch nicht mag, weil ich keine Fliegen in der Küche haben möchte, weil ich außerdem meine Hunde nicht dazu erziehen möchte, Katzenfutter zu stehlen, und weil ich der Meinung bin, zwischendurch nichts zu fressen und mal Hungergefühle zu entwickeln ist gesund. Meine Katzen werden morgens und abends gefüttert, ich lasse das Futter eine halbe Stunde lang stehen und räume es danach weg. Auf diese Weise bekommt man einen sehr guten Überblick darüber, wie viel die Katze frisst, und erzieht sie auch nicht dazu, aus Langeweile zu fressen.

# Gesundheit!

Sie kennen Ihre Katze besser als irgendjemand anderes. Sie sehen Ihre Katze jeden Tag, füttern sie jeden Tag und säubern ihr Katzenklo. Sie wissen, wo sie am liebsten schläft, Sie kennen ihre Stimme in verschiedenen Launen und Tonlagen, Sie wissen, womit sie am liebsten spielt, was sie am liebsten frisst.

Sie sind also auch derjenige, der am besten weiß, wenn irgendetwas nicht »normal« zu sein scheint mit Ihrer Katze. Es liegt in Ihrer Verantwortung, dass Ihre Katze gesund bleibt, und an Ihrer Beobachtungsgabe, sobald etwas nicht stimmt, rechtzeitig zum Tierarzt zu gehen.

Die Anzeichen für eine Krankheit bei einer Katze können sehr subtil sein, deshalb müssen Sie Ihre Katze wenigstens einmal am Tag genauer betrachten. Die meisten Krankheiten sind heilbar, wenn sie rechtzeitig entdeckt werden. Die folgende Übersicht soll Ihnen helfen, den Gesundheitszustand Ihrer Katze einzuschätzen.

Grundsätzliche Erscheinung: Ihre Katze sollte ein glänzendes Fell, weiche Haut und leuchtende Augen haben.

**Unnormal:** Sichtbare Hautstellen, dünnes oder trockenes Fell, struppig wirkendes Fell, erkennbare Rippen, Veränderung des normalen Temperaments, Lahmheit in Bein oder Pfote, Nachlassen des Putzens.

Gewicht: Es reicht, das ab und zu zu überprüfen – das Unangenehmste daran ist, sich selber mitwiegen zu müssen. Wiegen Sie sich ohne Katze, danach mit, und ziehen Sie Ihr eigenes Gewicht ab, um das Gewicht Ihrer Katze auszurechnen.

**Unnormal:** Wenn Ihre Katze mehr als ein Pfund zu- oder abgenommen hat oder einen dicken Bauch zu haben scheint, obwohl sie dasselbe wiegt wie vorher.

Nase: Feucht und sauber.

**Unnormal:** Trockene, rissige, schuppige oder entzündete Nase, Ausfluss oder Nasenbluten.

Augen: Klar, feucht, strahlend, in der Mitte zwischen den Lidern liegend, beide Pupillen gleich groß. Im Weiß, sofern sichtbar, sollten nur einige wenige Adern sichtbar sein, das Weiß sollte nicht verfärbt wirken.

**Unnormal:** Augen, die matt oder eingesunken wirken, die trocken scheinen oder Ausfluss zeigen. Eines oder beide Augen nicht in der Mitte der Augenlider, Pupillen unterschiedlich groß oder unterschiedlich auf Lichteinfluss reagierend, gelbliche oder blutunterlaufene Augen.

Ohren: Die Haut an den Ohren sollte sauber, trocken und weich sein, ohne Wunden, das Innere der Ohren sauber und fast geruchlos. Ein bisschen Ohrenwachs ist normal.

**Unnormal:** Geschwollene Ohren, Zeichen von Entzündungen, Wunden, Krusten, schwarze Flüssigkeit oder starker Geruch; seltsame Haltung der Ohren; schmerzempfindlich, wenn man die Ohren anfasst.

Maul: Die Zähne sollten sauber und ohne Zahnstein sein, das Zahnfleisch gleichmäßig rosa. Wenn man mit dem Finger kurz auf das Zahnfleisch drückt, sollte die Stelle weiß werden, aber innerhalb von ein oder zwei Sekunden wieder gleichmäßig rosa. Diese »Übung« ist ein grober Hinweis darauf, wie gut Herz und Kreislauf funktionieren.

**Unnormal:** Lose Zähne oder Zahnlücken, Zahnstein, rotes, blasses, entzündetes oder bläuliches Zahnfleisch, zurückgehendes Zahnfleisch, das die Zahnhälse frei liegen lässt, geschwollene Zunge, Knoten, Wunden oder Warzen in und um das Maul herum, sichtbare Mandeln hinten im Hals.

Atmung: Sie sollten die Atmung Ihrer Katze nach Möglichkeit nicht hören, ihr Brustkorb sollte sich gleichmäßig bewegen, der Bauch sich dabei kaum bewegen.

**Unnormal:** Alle deutlich hörbaren Geräusche beim Atmen wie Knattern, Röcheln oder asthmatisches Pfeifen, oder wenn Sie das Gefühl haben, Ihre Katze atmet mit Mühe, zu schnell oder hechelt mit offenem Maul (außer es ist sehr heiß); der Bauch macht die Atembewegung mit.

Bauch: Es sollten keinerlei Beulen oder Knoten fühlbar sein; wenn Sie vorsichtig drücken, sollte Ihre Katze keinerlei erkennbares Unwohlsein zeigen.

**Unnormal:** Knoten, Beulen oder »Taschen«, die Sie vorher noch nie gefühlt haben. Wenn Ihre Katze maunzt oder schwerer atmet, wenn Sie unterhalb des Rippenbogens leicht drücken. Ein harter, geschwollener Bauch.

Flüssigkeitslevel: Um herauszufinden, ob der Flüssigkeitshaushalt Ihrer Katze stimmt, ziehen Sie ein wenig Haut zwischen den Schulterblättern hoch (nicht kneifen!) und lassen Sie sie schnell wieder los. Die Haut sollte sofort wieder in ihre normale »Position« zurückfallen. Außerdem sollte sich das Zahnfleisch direkt oberhalb der Zähne feucht anfühlen.

**Unnormal:** Die Haut fällt nur langsam in die normale »Position« zurück oder bildet für ein paar Sekunden ein Dreieck, so, wie Sie sie hochgezogen hatten. Das Zahnfleisch fühlt sich trocken an, die Augen wirken eingesunken.

## Ungewöhnliche Veränderungen

**Beim Fressen:** Achten Sie darauf, ob sich plötzlich etwas ändert – Ihre Katze frisst plötzlich viel mehr oder zu wenig. Wenn Ihre Katze länger als einen Tag nicht frisst, gehen Sie zum Tierarzt.
**Stuhlgang:** Achten Sie auf Durchfall oder ob Ihre Katze maunzt beim Koten – sie hat vielleicht Verstopfung durch Haarbälle aus totem Haar, das beim Putzen aufgenommen wird und im Darm zu einem harten, oft schmerzhaften Ball verfilzt. Falls sie plötzlich nicht mehr auf ihre Katzentoilette geht, hat sie vielleicht eine Harnröhrenentzündung.
**Trinkgewohnheiten:** Katzen trinken im Sommer mehr als im Winter, aber selbst dann sollten Sie bemerken, ob sie plötzlich deutlich mehr oder zu wenig trinkt.
**Fell:** Das Putzen gehört zur ganz normalen Routine Ihrer Katze – wenn sie plötzlich struppig aussieht oder das Putzen vernachlässigt, geht es ihr nicht gut.
**Stimme:** Sie kennen die Stimme Ihrer Katze – wenn sie plötzlich anders klingt, furchtbar viel oder kaum noch miaut, ist irgendetwas los.

# Impfungen

Impfungen sind dafür da, Ihre Katze vor bedrohlichen Infektionskrankheiten zu schützen. Bevor Sie Ihre Katze zu sich ins Haus nehmen, sollte sie geimpft sein. Wenn das nicht der Fall ist und Sie noch andere Katzen zu Hause haben, bringen Sie die neue Katze so lange nicht in Kontakt mit Ihren anderen Katzen, bis sie geimpft ist und gegebenenfalls die von Ihrem Tierarzt empfohlene Quarantäne-Zeit verstrichen ist.

Es gibt einen Katzenbaby-Impfstoff, den man etwa bei verlassenen Katzenwelpen bereits ab 6 Wochen impfen kann. Normalerweise impft man ab der 8. Woche gegen Katzenschnupfen und Katzenseuche (Feline Parvovirose), wiederholt diese Impfung nach 4 Wochen und impft zusätzlich im Alter von 13 Wochen noch gegen FIP (Feline Infektiöse Peritonitis) und Leukose, was ebenfalls nach 4 Wochen wiederholt werden muss. Danach ist die Katze für ein Jahr grundimmunisiert, was bedeutet, dass die Impfung nur einmal im Jahr aufgefrischt werden muss. Im Alter von 6 Monaten sollte die Katze gegen Tollwut geimpft werden – viele Katzen vertragen diesen Impfstoff vorher nicht gut.

Katzen fühlen sich nach Impfungen manchmal nicht sehr gut, haben leichte Magenverstimmungen oder wirken schlapp, was kein Grund zur Besorgnis ist, solange dieser Zustand nicht länger als zwei Tage andauert.

# Infektionskrankheiten

Katzen können trotz bester Pflege krank werden. Manche Krankheiten werden von Katze zu Katze übertragen, oder Sie können die Viren an Ihren Schuhen in die Wohnung tragen. Wenn Ihre Katze allerdings regelmäßig gegen diese Krankheiten geimpft wird, haben Sie wenig zu befürchten.

**Katzenseuche:** Katzenseuche ist sehr ansteckend für andere Katzen und endet meistens tödlich für die Katze. Der Parvovirus greift vor allem den Darm und das Zentralnervensystem an. Meistens zieht sich die Katze sehr zurück, muss häufig erbrechen und bekommt Durchfall, wodurch der Körper sehr ausgetrocknet wird.

**Katzenschnupfen:** Katzenschnupfen kann gerade bei jungen Katzen häufig tödlich verlaufen, weil er zu schweren Atemstörungen führen kann. Die Krankheit kann durch zwei verschiedene Viren ausgelöst werden, die beide Appetitlosigkeit, Husten, Niesen und Ausfluss aus Augen, Nase und Rachen verursachen. Der Calicivirus sorgt meist nur für wässrigen Ausfluss und Niesen, manchmal kommt es allerdings auch zu Geschwürbildungen an Nase, Zunge oder Maul. Der Feline Herpesvirus greift Nase, Luftröhre und Lunge an. Erwachsene, ansonsten gesunde Katzen können Katzenschnupfen überwinden.

**Feline Immunschwäche (FIV):** Gegen das Feline Immuno-deficiency-Virus (FIV) gibt es bisher keinen Impfstoff. Ähnlich wie das menschliche HIV legt es das Immunsystem der Katze lahm, ist aber nicht von der Katze auf den Menschen übertragbar. FIV kann durch eine Blutuntersuchung nachgewiesen werden. Nach einer Infektion können Katzen noch sehr lange gesund leben, bevor sekundäre Infektionen auftreten.

**Leukose:** Der Feline Leukosevirus (FeLV) kann ebenfalls durch einen simplen Bluttest nachgewiesen werden. Wenn das Ergebnis positiv ausfällt, muss der Test nach vierzehn Tagen wiederholt werden: Es kann durchaus sein, dass er vierzehn Tage später negativ ist, wenn die Katze nur kurz vor dem ersten Test in Kontakt mit dem Virus gekommen ist. FeLV zerstört das Immunsystem der Katze und wird bei längerem Kontakt mit einer infizierten Katze über den Speichel oder das Blut übertragen – beispielsweise bei der Paarung. Nur gesunde, FeLV-negative Katzen dürfen geimpft werden. Infizierte Katzen können trotzdem ziemlich alt werden, ohne dass sie sterben: Die Katzen sterben auch nicht an dem Virus, sondern an einer Krankheit, die sie durch das Versagen ihres Immunsystems bekommen.

**Tollwut:** Tollwut ist immer tödlich und wird durch den Speichel eines infizierten Tieres auf andere Warmblüter wie auch den Menschen übertragen. Das erste Anzeichen für Tollwut ist normalerweise eine Verhaltensveränderung: Eine freundliche, ruhige Katze wird beispielsweise aus heiterem Himmel aggressiv. Mit Tollwut infizierte Tiere ziehen sich gewöhnlich bald ins Dunkel zurück, weil ihnen die Augen wehtun. Es kommt zu Fieber, Durchfall und Erbrechen, in der Spätphase meistens zu Lähmungen. Es gibt keine Behandlung und keine Heilung von Tollwut; dem Tierarzt ist es gesetzlich vorgeschrieben, das infizierte Tier einzuschläfern.

**Feline Infektiöse Peritonitis (FIP):** Die infektiöse Peritonitis ist eine Bauchfellentzündung und sehr schwer zu diagnostizieren. Sie tritt in

»nasser« und »trockener« Form auf: Die »nasse« FIP äußert sich in einem geschwollenen Bauch, der durch eine Flüssigkeitsansammlung im Bauchfell zustande kommt. Die Katze macht insgesamt einen schlechten Eindruck, nimmt ab, hat Durchfall und muss sich erbrechen.

Die »trockene« Form von FIP ist schwerer zu erkennen, weil sie das Nervensystem betrifft und in ihren Symptomen vielen anderen Erkrankungen ähnelt. Es kann zu Gelbsucht kommen, zu Atem- und Gleichgewichtsstörungen, im letzten Stadium schließlich zu Krämpfen. FIP wird von Katze zu Katze durch die so genannte »Tröpfcheninfektion« übertragen, d. h. also durch Speichel oder Nieströpfchen. Der Impfstoff wird der Katze in die Nase getropft.

**Chlamydien:** Chlamydieninfektionen treten sehr selten auf. Sie ähneln dem Katzenschnupfen und rufen schweren Augen- und Nasenausfluss hervor. Die Augen der Katze müssen unbedingt feucht gehalten werden, weil es zwischen der inneren Lidseite und der Hornhaut zu schweren Verklebungen kommen kann. Der Tierarzt wird Ihnen Antibiotika verschreiben.

## Parasiten

Parasiten tauchen im Laufe eines Katzenlebens immer wieder mal innerlich oder äußerlich auf und sind kein großes Problem, solange man sie möglichst schnell wieder loswird.

**Würmer:** Würmer sind innere Parasiten, die im Darm Ihrer Katze leben und sich von dem ernähren, was die Katze so frisst. Das bedeutet, dass die Katze nicht alle notwendigen Nährstoffe aus ihrer Nahrung ziehen kann, struppig und glanzlos wirkt und manchmal einen geschwollenen Bauch hat. Spulwürmer sehen in fortgeschrittenem Stadium wie abgebrochene Spaghetti aus, die man im Erbrochenen oder im Kot der Katze finden kann, Bandwürmer dagegen erkennt man an bestimmten Segmenten, die wie rohe Reiskörner aussehen, die man um den After oder im Kot der Katze finden kann. Man kann Katzen gegen Spul- und Bandwürmer spritzen lassen oder aber spezielle Wurmkuren in Form von Tabletten oder Pasten verabreichen. Die Wurmmittel muss in jedem Fall Ihr Tierarzt verschreiben.

**Toxoplasmose:** Toxoplasmose ist bei Katzen kaum zu erkennen: Sie hat vielleicht ein bisschen erhöhte Körpertemperatur, manchmal eine leicht laufende Nase, ansonsten tritt die Krankheit am Tier kaum klinisch in Erscheinung.

Allerdings wird die Toxoplasmose durch Einzeller, nämlich Toxoplasmen, ausgelöst und kann von der Katze auf den Menschen übertragen werden. Für den erwachsenen Menschen sind sie auch weiter nicht gefährlich, für Embryonen allerdings besteht ein sehr großes Risiko, die schlimmstenfalls Missbildungen durch Toxoplasmen erleiden können. Die Eier der Toxoplasmen werden von der Katze im Kot ausgeschieden, weshalb Schwangere nicht mit Katzenstreu oder Katzenkot in Berührung kommen sollen. Am besten ist es, bei Beginn der Schwangerschaft eine Kotuntersuchung bei der Katze durchführen zu lassen, eventuell im Abstand einer Woche ein zweites Mal.

**Flöhe:** Flöhe stechen und saugen das Blut ihres Opfers. Die Stiche jucken und können sogar massive Flohallergien auslösen, die die Katze so quälen, dass sie sich nach einem einzigen Stich so fürchterlich juckt, dass sie sich büschelweise das Fell ausrupft. Außerdem können die Larven der Flöhe Bandwürmer übertragen.

Es ist *nicht* ratsam, die Katze mit Flohpulver einzustäuben, das nachgewiesenermaßen für Mensch und Katze nämlich nicht viel ungesünder ist als für den Floh. Lassen Sie sich lieber von Ihrem Tierarzt ein wirksames Präparat verschreiben, dass weder Sie noch Ihre Familie und Ihre Katze vergiftet. Waschen Sie regelmäßig alle Kissen und Lager, auf denen Ihre Katze schläft, damit Sie alle Floheier vernichten, die die Weibchen vielleicht schon in irgendwelche Ritzen gelegt haben.

**Zecken:** Zecken findet man eigentlich nur auf Katzen, die durchs Gebüsch streifen können. Sie bohren ihren kleinen, mit Widerhaken versehenen Saugrüssel in ihr Opfer und ernähren sich vom Blut ihres Opfers, wobei es an dieser Stelle nicht selten zu einer Entzündung kommt. Wenn sie sich voll gesogen haben, werden sie dick, grau und widerlich, lassen sich fallen und ergeben grausige Blutflecken, wenn man versehentlich auf sie tritt.
Zecken können außerdem Borreliose übertragen und sollten sofort mit einer Zeckenzange aus der Apotheke entfernt und anschließend im Klo ersäuft werden.

**Milben:** Die eine Sorte Milben setzt sich in die Ohren Ihrer Katze und verursacht dort eine schmerzhafte Entzündung, die mit stinkendem schwarzen Sekret einherkommt. Die andere Sorte sitzt im Fell, wo sie schuppige, scheußliche Fell- und Hautveränderungen bewirkt, die man als »Räude« bezeichnet. Milben müssen vom Tierarzt behandelt werden, der Ihnen die richtigen Ohrentropfen bzw. Hautbäder verschreibt.

## Nicht mit mir – Wie man Medikamente gibt

Sie und Ihre Katze mögen sich ja darin einig sein, dass Sie es grässlich finden, ihr Arzneien verabreichen zu müssen, aber Sie werden an irgendeinem Punkt im Leben Ihrer Katze nicht darum herumkommen. Es ist nicht wirklich leicht. Man muss sich ziemlich geschickt anstellen. Seien Sie dabei geduldig, freundlich, aber konsequent, wenn Sie das Medikament verabreichen, und loben und streicheln Sie Ihre Katze hinterher. Wenn sich die Angelegenheit zu kompliziert gestaltet, bitten Sie Ihren Tierarzt, Ihnen einmal genau zu zeigen, wie Sie es machen sollen, oder besprechen Sie Alternativen für die Medizin-Verabreichung mit ihm.

**Tabletten:** Sie können versuchen, eine Tablette in einem Stück Leberwurst oder einem Stückchen Sardine so zu verbergen, dass die Katze sie ahnungslos mitfrisst. Leider funktioniert das meistens besser bei Hunden, die einfach gieriger sind als Katzen.

Besser klappt normalerweise die folgende Methode: Mit sanftem, aber festem Griff den Kopf der Katze fassen und von oben in den Oberkiefer greifen, den Kopf leicht nach oben biegen, mit Daumen und Zeigefinger in die Maulspalte drücken, damit sie das Maul öffnet, dann mit dem Zeigefinger der anderen Hand die Tablette schnell so weit wie möglich in den Rachen der Katze schieben. Schließen Sie das Maul der Katze und halten Sie das Maul zu, bis Sie eine Schluckbewegung gesehen haben. Anschließend können Sie sie loslassen. Wahrscheinlich müssen Sie sich jetzt entschuldigen.

**Flüssige Medikamente** gibt man einer Katze am besten mit einer großen Spritze (ohne Nadel, versteht sich). Anhand der Markierungen können Sie leicht erkennen, welche Menge Sie verabreichen müssen. Auch in diesem Fall nehmen Sie den Kopf Ihrer Katze von oben um den Oberkiefer, heben eine Lefze leicht hoch und drücken mit der Öffnung der Spritze vorsichtig den Kiefer auseinander. Schieben Sie die Spritze nach hinten ins Maul und spritzen Sie langsam und gleichmäßig die Flüssigkeit hinein, so, dass die Katze schlucken kann. Wenn sie mehr Zeit zum Schlucken braucht, warten Sie ein bisschen mit dem Spritzen. **Ohrentropfen oder -salben** geben Sie Ihrer Katze, indem Sie ein Handtuch auf Ihrem Schoß ausbreiten und die Katze darauf setzen. Streicheln Sie sie, bis sie sich entspannt, und träufeln Sie dann die Ohrentropfen in die Ohren. Massieren Sie die Ohren leicht am Ansatz. Rechnen Sie damit, dass Ihre Katze den Kopf schüttelt und die Ohrenmedizin in alle Richtungen spritzt!

**Augentropfen oder -salben** gibt man ein, indem man den Katzenkopf wieder von hinten umgreift. Die Salbe in einer dünnen Linie in das untere Lid eingeben, ohne dabei die Hornhaut zu berühren. Augentropfen möglichst in die Mitte des Auges träufeln. Das Auge ein paar Sekunden geschlossen halten, damit sich die Arznei gleichmäßig verteilen kann.

## Haarballen

Katzen verbringen viel Zeit mit der täglichen Körperpflege. Dabei schlucken sie zwangsläufig eine Menge toter Haare. Haare sind unverdaulich, und wenn sich größere Mengen davon im Darm ansammeln, kann es zur Bildung von so genannten »Haarballen« kommen, die hart sind und den Darm verstopfen. Sie sind für die Katze unangenehm und können außer Verstopfung auch Husten auslösen. Eine gute Vorsorge gegen Haarballen ist Katzengras, das als natürliches Brechmittel wirkt. Außerdem gibt es verschiedene Pasten im Fachhandel und beim Tierarzt, die der Katze Linderung und Abhilfe verschaffen.

## Kastration

Falls Sie nicht züchten wollen, ist eine Kastration so ziemlich das Beste, was Sie Ihrer Katze zufügen können. Unkastrierte, »intakte« Katzen beiden Geschlechts sind kein Spaß im Zusammenleben. Katzen können alle drei Wochen »rollig« werden, machen Sie mit ihrem Gejammer wahnsinnig, werden aggressiv, nervös, versuchen abzuhauen und benehmen sich generell idiotisch. Sie sind meistens dünn und sehen ziemlich fertig aus, weil Rolligkeit nach Rolligkeit für den Körper anstrengend ist. Außerdem sind unkastrierte Katzen sehr anfällig für Eileiter-Zysten: Anders als beim Menschen werden unbefruchtete Eier bei der Katze nicht abgestoßen, sondern bleiben im Eileiter und bilden Zysten. Außerdem ist die Gefahr, dass eine unkastrierte Katze, die nie gedeckt wird, Milchleistentumore bekommt, sehr hoch.

Unkastrierte Kater markieren, was das Zeug hält, und das ist auch nichts, was man ihnen abgewöhnen kann – mit Urin zu markieren ist für Kater so selbstverständlich wie Niesen. Wenn Sie einmal die Duftnote eines unkastrierten Katers gerochen haben, werden Sie sie nicht mehr so leicht vergessen. Keine Katzenstreu der Welt kann diesen Geruch auffangen. Wenn ein unkastrierter Kater nach draußen darf, geht er sehr weit auf Wanderschaft auf der Suche nach einer geeigneten Katze. Wenn er sie im direkten Umkreis nicht findet, wandert er eben weiter. Er gerät ständig in Streit mit anderen Katern, und diese Streits sind todernst und brutal. Unkastrierte Kater leben gewöhnlich ein kurzes, gewalttätiges Leben. Wenn er nicht nach draußen darf, muss er seine Aggressionen irgendwo anders ablassen – und das Opfer werden im Zweifelsfall Sie sein.

Kastrierte Katzen beiderlei Geschlechts dagegen sind liebevollere Haustiere, sind vor bestimmten Krebsarten wie Gebärmutter- oder Prostatakrebs geschützt und bekommen keine Infektionskrankheiten, die durch Paarungsakte übertragen werden. Die Tierheime sind voll von Tausenden und Abertausenden Katzen und Katzenkindern, die niemand haben will. Selbst wenn Sie sicher sind, dass alle Ihre Freunde unbedingt Junge von Ihrer Katze haben wollen – sie sollen sich ihre Katze lieber unter den Tausenden aussuchen, die es schon gibt und die bereits dringend ein Zuhause brauchen. Wenn es um ein interessantes Erlebnis für Ihre Kinder geht: Die können »das Wunder der Geburt« auch per Video erleben, ohne dass dafür weitere Katzenkinder produziert werden müssen. Auch auf diese Weise können Sie Ihren Kindern beibringen, was die Verantwortung für ein Tier bedeutet.

Bei der Kastration wird der Katze die Gebärmutter und die Eileiter entfernt, dem Kater die Hoden aus den Hodensäckchen. Für den Kater ist der Eingriff relativ gering, obwohl er wie die Katze in Narkose gelegt wird. Ihr Tierarzt wird nach zehn Tagen die Fäden bei der Katze ziehen wollen, aber abgesehen davon erholen sich die Tiere schnell innerhalb weniger Tage.

## Zahnpflege

Manche Katzen – wie manche Menschen – kommen ihr Leben lang ohne besondere Zahnpflege aus. Ich gratuliere diesen Glücklichen. Bei den meisten Katzen und Menschen allerdings, die ich kenne, sähe es im

Mund ziemlich furchtbar aus, wenn sich keiner um ihre Zähne kümmern würde. Bei Katzen merkt man Zahnprobleme am ehesten dadurch, dass sie scheußlichen Mundgeruch bekommen. Manche Katzen fressen schlecht, weil sie schlicht Zahnschmerzen haben, andere bekommen Kopfweh und unterschiedlichste Infektionen durch Bakterien, die Entzündungen im Maul verursachen und durch die Blutbahnen in die Nieren und andere Organe gelangen.

Lassen Sie also möglichst zweimal jährlich die Zähne Ihrer Katze vom Tierarzt ansehen, ob sich Zahnstein gebildet hat, Zahnfleischentzündungen oder Wurzelabszesse vorliegen, damit er sie rechtzeitig behandeln kann, bevor es zu größeren Katastrophen – und dadurch einer größeren Tierarztrechnung – kommen kann.

## Mikrochips

Mikrochips sind eine permanente Identifikationsmöglichkeit – nicht größer als ein rohes Reiskorn –, das Ihr Tierarzt mit einer Injektionsnadel unter die Haut Ihrer Katze setzt. Jede Katze, die nach draußen darf, sollte unbedingt einen Mikrochip tragen: Falls sie verloren geht, kann jeder Tierarzt und jedes Tierheim mithilfe eines speziellen Lesegerätes die Daten der Katze lesen und sich mit Ihnen in Verbindung setzen. Der Chip kostet ungefähr 20 Euro und spart Ihnen im Zweifelsfalle viel Nerven und Aufregung.

# Die ältere Stadtkatze

Sie merken es nicht über Nacht: Aber irgendwann fällt Ihnen auf, dass Ihre Katze viel mehr schläft als früher, weniger verspielt ist und mehr schmusen als toben möchte. Man sieht ihr zu und überlegt sich, seit wann sie eigentlich nicht mehr auf den Heizungskasten springt, früher ihr Lieblingsschlafplatz, und wie gelassen sie die Frechheiten Ihres Hundes hinnimmt, dem sie früher für dergleichen sofort eine Ohrfeige verpasst hätte.

Mit einer älteren Katze zu leben bedeutet, viele gemeinsame Jahre des Vertrauens mit einem Blick, einem Streicheln, einem Schnurren zu bestätigen. Sie haben über Jahre ein festes, wundervolles Band zueinander aufgebaut. Sie kennen einander, Sie nehmen einander so hin, wie Sie eben sind, Sie mögen einander wirklich und gehen ganz entspannt miteinander um.

Irgendwann wird Ihnen klar, dass Ihre Katze vielleicht nicht mehr sehr lange bei Ihnen sein wird, und solche Gedanken können Ihre Freude an der ruhigen, entspannten Situation vielleicht dämpfen. Aber nehmen Sie sich ein Beispiel an Ihrer Katze: Sie lebt nur für den Moment, sie hat keinerlei Vorstellung davon, wohin die Jahre führen. Sie lebt von Tag zu Tag, schläft in der Sonne oder schnurrt auf Ihrem Schoß, verlangt ihr Abendessen und hopst immer noch hinter dem ein oder anderen Ball auf dem Teppich hinterher. Wenn sie zufrieden ist, können Sie es auch sein.

## Lebenserwartung

Heutzutage leben Katzen länger als je zuvor. Weil sie so beliebt sind, weiß man mittlerweile so viel über ihre Bedürfnisse und Gewohnheiten, dass Katzen, die 12, 14 oder gar 18, 20 Jahre alt werden, keine Seltenheit mehr sind. Früher ging man davon aus, dass ein Katzenleben etwa sieben Menschenleben ausmachte, aber man weiß inzwischen, dass das nicht richtig ist.

Eine einjährige Katze entspricht eher einem 15-jährigen Menschen – ziemlich ausgewachsen und geschlechtsreif, aber die psychische Reife ist noch nicht ganz erreicht.

Im zweiten Jahr des Katzenlebens erreicht sie langsam die emotionale Reife und die ersten Stadien des Erwachsenseins – vergleichbar also etwa mit einem 20-jährigen Menschen. Eine dreijährige Katze ist vergleichbar mit einem Menschen um die 30, eine sechsjährige Katze kommt langsam wie ein etwa 40-jähriger Mensch ins »Mid-Life« (aber ohne Krise, da haben Katzen es besser). Eine zwölfjährige Katze ähnelt einem 65-jährigen Menschen, während eine Katze von 20 Jahren wie ein 100-jähriger Mensch behandelt und geehrt werden sollte. Aber wie bei Menschen ist auch bei Katzen das Alter relativ: Eine schlecht gepflegte, schlecht ernährte sechsjährige Katze wird »älter« wirken, während eine Katze, die fast doppelt so alt ist und immer bestens versorgt wurde, noch so verspielt und albern wie ein Katzenkind sein kann.

## Seniors veränderte Gewohnheiten

Ihre Katze verändert sich mit dem Alter, innerlich wie äußerlich. Je älter Katzen werden, desto mehr Muskelmasse verlieren sie, weshalb Ihnen Ihre Katze plötzlich ziemlich knochig vorkommen kann. Andere Katzen werden dick, weil sie genauso viel fressen wie vorher, sich dabei aber viel weniger bewegen. Die meisten Katzen werden mit den Jahren »altersmilde« und sind viel mehr daran interessiert, auf Ihrem Schoß zu schlummern, als die Vorhänge hinauf- und hinunterzuklettern oder sich vom Schrank auf Besucher fallen zu lassen. Ihre Katze schläft deutlich mehr, aber auch das müssen Sie im Auge behalten: Falls Ihre Katze auffällig uninteressiert an der Welt um sie herum scheint, könnte das auch ein Hinweis auf eine Krankheit sein. Gleiches gilt für extreme Veränderungen beim Fressen oder Trinken.

Ihre Katze braucht weniger zu fressen, wenn sie älter wird. Falls Sie selber kochen, ändert sich das Verhältnis in der Zusammenstellung etwas: Sie braucht jetzt 40 % Protein, 30 % Gemüse und 30 % Getreide. Wenn Sie kommerzielles Futter kaufen, sollten Sie zu »Senior«-Futter wechseln.

## Körperliche Veränderungen

Es ist durchaus möglich, dass Ihre Katze mit den Jahren schlechter sieht, schlechter hört und schlechter riechen kann als früher. Manchmal bemerkt man diese körperlichen Veränderungen kaum, weil sie so langsam passieren, dass die Katze sich über die Zeit anpasst, andere sind ziemlich offensichtlich, etwa scheußlicher Mundgeruch durch Zahnprobleme oder überhaupt fehlende Zähne. Wenn Sie ihr Futter zubereiten und Ihre Katze nicht mehr wie früher angestürmt kommt, wissen Sie, dass sie schlecht hört. Schnippen Sie hinter dem Kopf Ihrer Katze mit den Fingern: Ihre Ohren sollten sich in Richtung dieses Geräusches drehen.

Wenn sie lustlos frisst, kann es daran liegen, dass sie nicht mehr gut riechen kann. Der Riechsinn ist direkt mit dem Geschmackssinn verbunden – vielleicht schmeckt für sie einfach das Meiste wie Pappe. Es könnte nützen, wenn Sie ihr Futter anwärmen – Wärme intensiviert den Geschmack.

## Eine Babykatze als Jungbrunnen dazu?

Die meisten alten Katzen sind nicht sehr erfreut, wenn man ihnen im hohen Alter plötzlich einen jugendlichen Feger vor die Nase setzt. Die Verspieltheit eines Katzenkindes ist oft mehr, als eine alte Katze tolerieren kann, und kann sich in Verhaltensproblemen ausdrücken, sodass sie auf ihre alten Tage vielleicht plötzlich aufhört, das Katzenklo zu benutzen, oder aufhört zu fressen.

Halten Sie Ihre alte Katze fit, indem Sie mit einer Angel oder mit einer Spielmaus an einem Faden mit ihr spielen. Sie wird die Zeit mit Ihnen genießen, vor allem, wenn Sie sich ihrem Tempo anpassen und sie

in Ruhe lassen, wenn sie genug hat, und sie nicht piesacken, wie es ein Katzenkind tun würde.

Sie haben noch viel Zeit in Ihrem Leben für ein neues Kätzchen. Lassen Sie Ihre alte Katze ihre Seniorenjahre in Frieden genießen.

## Abschied

Und wenn man es sich das ganze Katzenleben lang klar gemacht hat, dass dieses kleine Leben nie so lange dauert, wie man es gerne hätte, erwischt es einen doch immer kalt, wenn man merkt, dass man bald Abschied nehmen muss. Man muss sich wirklich wundern, warum man das eigentlich immer wieder tut: Sein Herz an ein so kleines Wesen hängen, das gerade dann stirbt, wenn man sich so richtig aneinander gewöhnt hat.

So eine Katze hat noch eine andere Bedeutung als die Liebe, die wir zu ihr haben: Wir müssen gleichzeitig von einer bestimmten Phase unseres Lebens Abschied nehmen, von Ereignissen, die mit der Katze zusammenhängen, und vielleicht verlieren sich damit auch irgendwelche letzten Fäden zu bestimmten Menschen in unserem Leben. Es ist furchtbar traurig, wenn eine Katze stirbt, und niemand sollte so tun, als wäre es nicht so. Ihre Katze hat Sie jahre-, jahrzehntelang begleitet, Ihrem Leben eine bestimmte Struktur verliehen – natürlich sind Sie traurig. Kein Grund, sich zu genieren.

## Einschläfern

Ein Tier einzuschläfern ist eine der schwierigsten Entscheidungen, die man überhaupt treffen kann, und es wird auch nicht leichter, egal, wie gut und wie lange man sich über die Jahre damit auseinander setzt. Ihr Tierarzt kann Ihnen Ratschläge geben, Ihre Freunde können Sie unterstützen, aber niemand kann Ihnen die Entscheidung abnehmen.

Die unglaublichen Fortschritte, die die Tiermedizin in den letzten Jahren gemacht hat, machen die Entscheidung für viele Leute noch schwieriger.

Vor nicht allzu langer Zeit war das Beste, was man für ein altes oder krankes Tier tun konnte, ihm seine letzten Monate so angenehm wie möglich zu gestalten, bis es eben nicht mehr ging. Heutzutage gibt es praktisch alle Möglichkeiten aus der Humanmedizin auch für Tiere – von Chemotherapie über künstliche Hüftgelenke zu Herzschrittmachern. Wenn Sie sich derlei leisten können und es eine realistische Chance gibt, dass damit das Leben Ihrer Katze verbessert wird – und nicht nur verlängert –, dann sind solche Behandlungen eine Option, die Sie verfolgen sollten. Aber lassen Sie sich zu keiner Entscheidung überreden, die auf Wunschdenken basiert.

Sie werden die richtige Entscheidung im richtigen Moment treffen.

Einschläfern oder »Euthanasie« (aus dem Griechischen; es bedeutet: »guter Tod«) wird vom Tierarzt durch eine Spritze vorgenommen und ist ein schneller, friedlicher Prozess. Das Tier ist innerhalb von Sekunden bewusstlos und in weniger als einer Minute tot – das Wort »einschläfern« ist wirklich eine perfekte Beschreibung. Das Tier fühlt keinerlei Schmerz oder Angst zum Schluss.

Wenn Sie einen Termin machen, machen Sie der Sprechstundenhilfe deutlich, worum es sich handelt – damit Ihnen im Zweifelsfall etwas Zeit eingeräumt werden kann, sich hinterher von Ihrem Tier zu verabschieden, und das Wartezimmer nicht gerade aus allen Nähten platzt. Vielleicht können Sie einen Termin zu Hause ausmachen, sprechen Sie mit Ihrem Tierarzt.

Der Tod kommt so schnell, dass Sie sich rechtzeitig verabschieden müssen. Streicheln Sie Ihre Katze, sprechen Sie ruhig mit ihr. Wenn Sie weinen, ist das ganz normal, Ihr Tierarzt versteht das, und Ihre Katze sowieso. Da bin ich sicher.

## Wie man Kindern den Abschied von ihrer Katze erleichtern kann

Für Kinder ist der Tod eines Haustieres meistens ein einschneidendes Erlebnis, meistens ist es das erste Mal, dass sie mit dem Tod in Berührung kommen. Es ist wichtig, dass Sie die Trauer Ihres Kindes ernst nehmen, ihn oder sie traurig sein lassen – es ist ja wirklich furchtbar, wenn ein Freund stirbt, und damit muss man sich wirklich auseinander setzen.

Für die meisten Kinder ist der Tod leichter zu verstehen, wenn sie ihn direkter miterleben können – wenn Ihr Kind die Katze noch mal streicheln darf, nachdem sie gestorben ist, oder wenn es an einem Begräbnis teilnehmen kann. Lassen Sie Ihr Kind einen Abschiedsbrief an Ihre Katze schreiben, lassen Sie es Bilder von der Katze malen, basteln Sie ein Bilderbuch mit Fotos, Geschichten und Bildern von der Katze als Erinnerung.

## Gleich eine neue Katze?

Manche Menschen brauchen erst einmal eine Trauerperiode, um über den Verlust ihrer Katze hinwegzukommen, für andere ist das beste Mittel ein neues verspieltes Katzenkind. Wenn Sie die Lücke mit einem Kätzchen füllen möchten, haben Sie kein schlechtes Gewissen Ihrer alten Katze gegenüber: Sie verletzen keine Abmachung mit ihr; das Leben, das Sie mit Ihrer alten Katze geteilt haben, wird nicht weniger wert, wenn Sie sich eine neue Katze anschaffen. Wie sagte Ernest Hemingway? »Eine Katze führt nun mal zur nächsten.«

# Literatur


Becvar, Wolfgang (2003): Naturheilkunde für Katzen. Kosmos, Stuttgart

Fogle, Bruce (2001): Katzen kennen und verstehen.
BLV Verlagsgesellschaft, München

Leyhausen, Paul (1996): Katzenseele. Franckh-Kosmos, Stuttgart

Morris, Desmond (2000): Catwatching.
Wilhelm Heyne Verlag, München

Quinten, Doris (2004): Gesundheits-Ratgeber Katzen.
BLV Verlagsgesellschaft, München

Ungerer, Tomi (1998): Katzen. Diogenes, Zürich


Homepage der Autorin:
www.vonderleyen.com

Bibliografische Information der Deutschen Bibliothek

Die Deutsche Bibliothek verzeichnet diese Publikation in der Deutschen Nationalbibliografie; detaillierte bibliografische Daten sind im Internet über http://dnb.ddb.de abrufbar.

BLV Verlagsgesellschaft mbH
München Wien Zürich
80797 München



Illustrationen: Innenteil und Umschlag Joanna Hegemann

Lektorat: Dr. Friedrich Kögel
Herstellung: Rosemarie Schmid
DTP: Satz+Layout Fruth GmbH, München

Gedruckt auf chlorfrei gebleichtem Papier

Printed and bound in Germany
ISBN 3-405-16698-5

# Der richtige Umgang mit Katze & Hund

Bruce Fogle
**Katzen kennen und verstehen**
Endlich verstehen, wie Katzen denken: liebenswerter und informativer Bildband, der faszinierende Einblicke in das Leben, die »Sprache« und die Verhaltensrituale der Katzen bietet.

Angela Wegmann
**Freizeit-Spaß mit Hunden**
Such-, Werf- und Geschicklichkeitsspiele; Begleitung beim Wandern, Joggen und Rad fahren; Wassersport, Pferdebegleitung und Wintervergnügen; Geschicklichkeits-, Zirkus- und Zaubertricks; Agility, Flyball-Spiele, Schlittenziehen usw.

Katharina von der Leyen
**Braver Hund!**
Viel Spaß beim Lesen und Üben: Hunde spielend leicht erziehen mit täglichen 10-minütigen Kurzlektionen; das Basiswissen zur Hundeerziehung mit Illustrationen, die humorvoll die beschriebenen Situationen visualisieren.

Rolf Spangenberg
**Aus Dr. Spangenbergs Tiersprechstunde: Fragen und Antworten rund um die Katze**
Praxisorientiert, lebendig geschrieben und humorvoll illustriert: alles über Ernährung, Pflege, Schutzimpfungen, Gesundheit, Verhaltensprobleme, Alterserscheinungen u.v.m.

Manuela van Schewick / Christine Steimer
**Kind & Hund**
Wie Kind und Hund die besten Freunde werden: das Verhalten des Hundes; der einfühlsame, verantwortungsvolle Umgang mit dem Hund und wie Kinder dazu angeleitet werden.

Dr. med. vet. Doris Quinten
**Gesundheits-Ratgeber Katzen**
Die häufigsten Krankheiten: Ursache, Ansteckung, Verlauf, tierärztliche Behandlung, häusliche Pflege, Vorbeugung, Selbstbehandlung leichter Erkrankungen durch die Methoden der Naturheilkunde.

Bruce Fogle
**Naturgemäße Katzenhaltung**
Die einfühlsame Erziehung im Einklang mit den natürlichen Verhaltensweisen der Katze, Pflegemaßnahmen, Ernährung, Gesundheitsvorsorge, schonende Behandlung von Krankheiten, viele alternative Heilmethoden.

*Im BLV Verlag finden Sie Bücher zu den Themen:* Garten und Zimmerpflanzen • Natur • Heimtiere • Jagd und Angeln • Pferde und Reiten • Sport und Fitness • Wandern und Alpinismus • Essen und Trinken

*Ausführliche Informationen erhalten Sie bei:*

blv

**BLV Verlagsgesellschaft mbH**
**Postfach 40 03 20 • 80703 München**
**Tel. 089 / 127 05-0 • Fax -543 • http://www.blv.de**